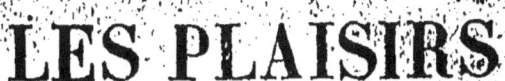

LES PLAISIRS

LES JEUX ET LES RÉCRÉATIONS

DE LA MAISON

Par A. BITARD

372

SOMMAIRE :

Les Jeux ; leurs variétés, leurs règles.

Jeux de cartes. — L'Écarté. — Le Piquet. — La Mouche. — Le Mistigris. — Le Rams. — Le Mariage. — L'Impériale. — Le Bésig. — Le Whist. — Le Boston. — Le Trente-et-un, etc.

Divers jeux. — Le Loto. — Les divers jeux de Dominos. — Le Matador. — Le Trictrac. — Le Jacquet. — Les Dames. — Les Échecs. — Le Billard, la Poule, etc.

Prestidigitation
Tours d'adresse.

Tours de cartes et de dominos. — Simples farces. — Divulgation des procédés employés par les physiciens. — Récréations scientifiques par l'électricité, le magnétisme, etc., etc.

La lanterne magique, le kaléidoscope ; — La physique et la chimie amusantes, etc.

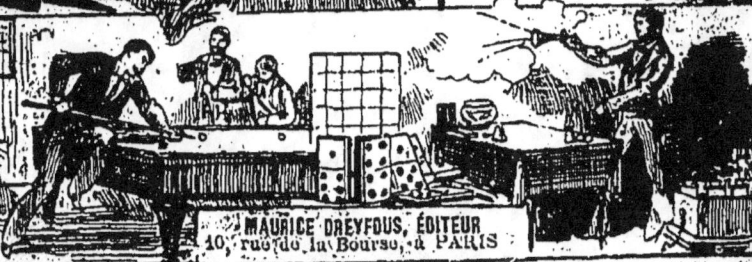

MAURICE DREYFOUS, ÉDITEUR
10, rue de la Bourse, à PARIS

LES PLAISIRS

LES JEUX ET LES RÉCRÉATIONS

DE LA MAISON

SAINT-GERMAIN. — IMPRIMERIE D. BARDIN.

LES PLAISIRS

LES JEUX

ET LES RÉCRÉATIONS

DE LA MAISON

Par A. BITARD

Les jeux et leurs règles — Les Jeux de Cartes.
— Les Dominos. — Le Loto. — Trictrac. —
Dames. — Échecs. — Billard. — Prestidigitation. — Tours d'adresse. — Tours de Cartes.
Simples farces. — Pièce de Monnaie. — Récréations scientifiques. — Les Amusements
par l'Arithmétique, par la Pneumatique, par
l'Acoustique, par l'Électricité, par le Galvanisme, par le Magnétisme, par l'Optique, par
la Chimie, etc.

PARIS

MAURICE DREYFOUS, ÉDITEUR

10, RUE DE LA BOURSE, 10

1878

LES PLAISIRS,
LES JEUX ET LES RÉCRÉATIONS

LES JEUX ET LEURS RÈGLES

JEUX DE CARTES, LOTO, DOMINOS, DAMES, TRICTRAC, ÉCHECS, BILLARD

Les jeux de cartes sont avant tout des jeux de hasard, et il y en a qui ne sont absolument que cela. Néanmoins nous ne croyons pas devoir les écarter systématiquement, attendu que s'il y a des gens qui abusent effrontément du hasard, dont ils font leur complice, ses combinaisons inattendues offrent une grande source de distraction aux personnes qui le tentent, soit en tournant une carte, soit en jetant un dé.

Il est certain, en effet, que consulter le destin sur la question de savoir qui est-ce qui mangera un morceau de pain d'épice de deux sous, ou lequel des deux amis, sirotant leur vermouth en tête-à-tête, paiera avec la sienne la consommation de l'autre, ce n'est pas une action que réprouve la morale la plus sévère.

Et, pour avoir la réponse de l'oracle, on s'emparera aussitôt, soit d'une queue de billard, soit du cornet aux dés du jaquet, soit du jeu de dames, soit enfin des cartes. La forme seule différera un peu, mais le fond restera le même.

Cependant notre objectif, c'est le cercle de famille. Ce que nous cherchons à faire, c'est rendre facile à apprendre la théorie de divers jeux de société et familiariser avec leurs règles, — non pour aller se mesurer avec un maître joueur ou quelques grecs, piliers d'estaminet, mais pour charmer les longues veillées d'hiver au coin du feu, le repos du soir bien gagné par une journée laborieuse ou affairée.

Qu'on le sache bien, d'ailleurs, la possession de cette théorie, la connaissance de ces règles rendront *théoriquement* aussi savant, aussi fort que le plus habile joueur ; mais c'est dans la pratique seulement qu'on acquiert l'habileté qui empêche d'être dupe, qui permet de parer un coup hardi, qui fait gagner parfois en dépit du sort contraire, d'un jeu mauvais : ce qui est une façon légitime de corriger le sort, d'amender ses décisions quelquefois entachées, semble-t-il, de partialité.

Et en ceci les différents jeux, depuis le billard jusqu'aux cartes, offrent un vaste champ d'exercice au tact et à l'habileté du joueur praticien.

LES JEUX DE CARTES

Dans les jeux de cartes, il y en a toutefois où l'habileté ne peut être que tricherie, le hasard seul y commande : tels sont le *baccarat*, le *pharaon*, le *trente-et-quarante*, le *lansquenet*, etc. Mais les jeux, sévèrement prohibés, n'offrent d'intérêt que par l'appât de l'enjeu : ce ne sont donc pas précisément des jeux de famille.

Il en est autrement de l'*écarté*, du *piquet*, du *whist*, etc., dont nous allons nous occuper sans plus tarder.

L'ÉCARTÉ

L'*écarté* est un jeu très-répandu en France, le plus répandu certainement avec et même peut-être avant le *piquet*. Comme ce dernier jeu, l'écarté n'est pas seulement un jeu de hasard, c'est en même temps un jeu de combinaisons. A ce titre, il entre dans la catégorie des jeux favorables au repos de l'esprit. Les parties sont courtes, et si le soin de combiner son jeu de manière à gagner l'adversaire, ou du moins à lui échapper en tout ou partie, réclame une certaine tension d'esprit, ce n'est jamais pendant un temps assez long pour changer le plaisir en fatigue.

Il demeure entendu que nous n'avons rien à voir à la façon dont ce jeu — ou tout autre — est pratiqué dans certains cercles, et que nous ne voulons y trouver qu'un divertissement de famille innocent et salutaire.

D'ailleurs, au coin du foyer domestique ou sous le lustre du club, la manière de jouer ne diffère que par la mise. L'écarté à un sou ou à cent sous la fiche, c'est toujours l'écarté, et l'importance de l'enjeu n'ajoute rien à son intérêt, excepté pour celui qui n'a pas d'autre moyen d'existence.

L'écarté se joue à deux personnes avec un jeu de trente-deux cartes, c'est-à-dire que toutes les basses cartes à partir des *six* en sont retirées, — sauf l'as.

La partie se joue en cinq points.

L'importance des cartes commence au roi; l'as vient après le valet; puis viennent le dix, le neuf, le huit et le sept. Les *atouts*, naturellement, l'emportent sur toutes les autres cartes.

On commence par tirer la *main* ou la *donne*. C'est la plus haute carte tirée qui confère le droit de donner. Or ce droit offre un sérieux avantage, puisque celui qui donne, et par conséquent retourne la carte d'atout, court ainsi le risque de retourner un roi ; ce qui lui vaudrait un *point*.

Le donneur, après avoir battu les cartes et les avoir fait *couper* par son adversaire, les distribue, d'abord à celui-ci, puis à lui-même, trois ou deux une première fois ; puis une seconde fois, deux ou trois ; de manière que chacun ait cinq cartes : ce qui fait, au total, dix cartes distribuées. La onzième est alors retournée sur le paquet de cartes restant, et constitue l'*atout*.

Si cette carte indicatrice de l'atout est un roi, nous l'avons dit, elle vaut un point au donneur, qui le marque aussitôt en l'annonçant. Si le roi d'atout se trouve dans le jeu, celui qui le possède doit l'annoncer en le montrant à son adversaire, faute de quoi, il perdrait le point attribué à la possession de cette carte.

La personne qui doit jouer la première peut annoncer son roi simplement en le jouant ; mais si, l'ayant joué, elle le laisse couvrir par la carte de son adversaire avant de l'avoir annoncé, son point est perdu.

Les cartes distribuées, relevées et examinées par les joueurs, le premier en cartes, s'il est mécontent de celles qui lui sont échues, demande à en changer en tout ou partie, en disant : *Je demande des cartes*, ou : *Je propose* (les Anglais, en ceci comme en bien d'autres choses, s'expriment en français et ont particulièrement adopté cette formule : *Je propose*), ou encore, plus simplement : *Si?* Le donneur a le droit de refuser, mais, s'il ne gagne pas, son adversaire a, à son tour, le droit de marquer le *point de refus*, ce qu'il n'a garde d'oublier. Si le donneur est d'avis, lui aussi, de changer quelques cartes de son jeu, il s'empresse d'accepter la proposition et demande : *Combien?*

La réponse faite, le donneur distribue, cette fois d'un seul coup, le nombre de cartes réclamé par son adversaire, — fût-ce toutes les cinq ; puis à lui-même celles dont il a besoin. On a eu soin, naturellement, avant de s'emparer des nouvelles cartes, d'*écarter* celles qu'on rejette.

Cette demande de cartes nouvelles peut se renouveler jusqu'à extinction du *talon*, sauf une carte qu'il faut absolument y laisser.

Nous avons dit que le donneur qui refuse la proposition d'écarter que lui fait son adversaire, premier en cartes, perd un point s'il ne gagne pas le coup, c'est-à-dire s'il ne fait au moins trois levées sur cinq. Ajoutons que le premier en cartes jouant d'*autorité*, c'est-à-dire sans proposer le recours au talon, et qui dans ces conditions perd, n'ayant fait qu'une ou deux levées, donne à son adversaire le droit de marquer à son tour le point de refus. D'où il suit que quiconque empêche son adversaire de modifier son jeu une première fois, doit gagner nécessairement ainsi qu'il est censé l'avoir prévu ; autrement, il perd double, et si, par extraordinaire, son adversaire fait la *vole*, ce n'est plus deux points, mais trois qu'il doit marquer.

Si cependant on est allé aux cartes une première fois, le donneur a le droit de refuser d'y retourner, et le premier à jouer, celui de jouer d'emblée sans encourir une pénalité quelconque.

Ces préparatifs terminés, le premier en jeu jette une carte, et son adversaire est obligé de jouer dans la couleur de cette carte ou de *couper* par un atout, le plus faible atout étant maître de la plus forte carte d'une couleur différente. S'il n'a point de la couleur demandée, et s'il n'a point d'atout, il joue une carte quelconque, qu'il lui importe, par exemple, de choisir aussi insignifiante que possible.

Mais on ne peut, si on a de la couleur demandée, *renoncer*, c'est-à-dire refuser d'en fournir. On ne doit pas non plus répondre par une carte plus faible que celle de son adversaire, si on a dans la main une carte supérieure, sous peine de perdre un point.

De même, si l'on a annoncé une couleur, il est de fait interdit d'en jouer une autre ; l'adversaire dans ce cas a le droit de faire reprendre la carte jouée et d'exiger qu'elle soit remplacée par une carte de la couleur annoncée. — Il a également le droit, par exemple, de la retenir, s'il la juge favorable à son propre jeu.

On ne doit pas jouer avant son tour. Si on le fait par inadvertance, il suffit de reprendre sa carte, sans autre pénalité. Cependant, là encore, on se trouve en présence du droit de l'adversaire, qui peut couvrir cette carte jouée par erreur, s'il le juge avantageux pour lui.

Le joueur qui fait les cinq levées, c'est-à-dire qui prend avec des cartes d'une valeur supérieure les cinq cartes de son adversaire, fait ce qu'on appelle la *vole* et marque deux points. S'il n'en prend que trois ou quatre, il marque un point. S'il a le roi dans son jeu, ou si, étant donneur, il l'a *retourné*, il ajoute un point pour le roi.

Dans le cas où l'adversaire du gagnant aurait refusé d'échanger des cartes, celui-ci ajouterait un point à ceux qu'il a gagnés, — *excepté* s'il a fait la vole et compté le roi : on ne peut, à l'écarté, marquer plus de *trois* points par tournée, sous aucun prétexte.

RÈGLES DE DÉTAIL

Lorsqu'en tirant la *donne* un joueur retourne deux ou plusieurs cartes au lieu d'une seule, il est censé avoir tiré la plus basse.

On doit continuer, tant que dure la partie, à donner comme on a fait au début ; soit par deux et trois, soit par trois et deux.

S'il se trouve des cartes retournées dans le jeu, et qu'on s'en aperçoive avant qu'aucun des joueurs ait vu son jeu, il faut recommencer la distribution. Si on ne s'en aperçoit qu'après écart, le coup est bon de droit, à la condition que ces cartes retournées viennent dans le jeu du donneur ; autrement l'adversaire à qui ces cartes seraient attribuées a le droit de faire recommencer le coup.

Si, en distribuant les cartes, le donneur en retourne quelques-unes, ou même une seule, le coup est bon si c'est dans son jeu que l'accident se produit ; si c'est dans le jeu de l'adversaire, celui-ci a le droit de le faire recommencer.

Lorsqu'il y a mal-donne, c'est-à-dire si l'un des joueurs a reçu plus de cartes qu'il ne lui en revient, on peut ou rétablir l'ordre de la distribution, si les cartes n'ont pas été vues, ou recommencer, si cet ordre a été troublé.

Au cas où les cartes auraient été vues, si le donneur a des

cartes de trop, son adversaire peut tirer de son jeu un même nombre de cartes au hasard ; s'il a, au contraire, des cartes do moins, il ne peut compléter son jeu qu'avec l'assentiment de son adversaire. Celui-ci, dans les deux cas, a le droit de déclarer le coup nul et de prendre la main.

Celui qui joue avec plus de cinq cartes perd un point ; s'il a le roi, il lui est interdit de le marquer.

Si un joueur donne avant son tour, on peut l'arrêter, si l'on s'aperçoit de la méprise avant d'avoir retourné, et rétablir l'ordre ; dans le cas contraire, le coup est considéré comme bon, mais l'adversaire frustré d'un avantage réel a le droit de donner deux fois de suite, à son tour.

Outre les joueurs qui tiennent les cartes, il peut y avoir plusieurs personnes prenant part au jeu en formant *galerie* et pariant pour l'un ou pour l'autre des joueurs actifs ; dans ce cas, les parieurs ont le droit de conseiller leur partner, à moins de convention contraire.

Ces parieurs peuvent n'être point satisfaits de leur rôle passif et désirer à leur tour tenir les cartes ; on convient alors que le perdant quittera la table de jeu après la partie et cédera sa place à un nouveau joueur qu'on désigne sous le nom de rentrant. Ce va-et-vient peut se prolonger à l'infini.

Enfin il arrive très-souvent de jouer l'écarté en *partie liée*, principalement quand les deux adversaires n'ont pas à craindre d'être dérangés par d'avides rentrants. Dans ce cas, la partie se compose de trois *manches* : la première manche, la seconde manche, la *belle*. Quand les deux adversaires ont gagné chacun une manche, ils jouent la belle, et c'est celui qui gagne cette dernière manche qui est proclamé définitivement gagnant. Si le même joueur a gagné les deux premières manches, il n'y a donc pas lieu de jouer la troisième.

Une autre méthode consiste à jouer successivement les trois manches, et à déclarer gagnant simplement celui qui en a gagné deux sur trois.

LE PIQUET

Le piquet est proprement le type du jeu de cartes français, et le paquet de trente-deux cartes, avec lequel on le joue, est lui-même désigné sous le nom de *jeu de piquet*, bien qu'on s'en serve également pour jouer, notamment, le bezigue et l'écarté.

Au piquet, c'est l'as qui est maître, il vaut onze points; le roi, la dame, le valet viennent ensuite, valant chacun dix points; le dix, le neuf, le huit et le sept sont comptés pour les points qu'ils marquent. — Inutile d'ajouter que la diffé-rence de couleur des cartes n'influe en rien sur leur valeur respective et que l'as de pique vaut onze points aussi bien que l'as de cœur. Mais, relativement, cette valeur d'une carte n'existe que dans sa propre couleur; c'est-à-dire que pour prendre une carte plus faible il faut faire usage d'une carte plus forte *de même couleur*.

Le piquet ordinaire se joue à deux personnes. Mais il y a aussi le piquet à trois ou *piquet normand*, le piquet à quatre ou *piquet voleur*, et enfin le *piquet à écrire*, dont nous nous occuperons en leur temps.

Piquet à deux. — Le piquet à deux se joue ordinaire-ment en cent, cent cinquante ou deux cents points, — *secs* ou *liés*. — C'est affaire de pure convention.

Pour marquer son jeu, on se sert soit de *jetons*, comme unités, et de *fiches*, comme dizaines; soit d'une carte coupée présentant sur l'une de ses faces quatre languettes figurant les unités; sur l'autre, quatre autres languettes figurant les dizaines; dans le coin correspondant aux dizaines, une lan-guette valant cinquante; et dans le coin diagonalement opposé à celui-ci une découpure triangulaire valant cinq points. De sorte que toutes ces languettes levées donnent *quatre-vingt dix-neuf* points : le centième, terminant la partie, n'avait au-cun besoin d'être marqué, on le comprend, quand le *cent* de piquet se jouait réellement en cent points. Aujourd'hui, on joue beaucoup plus fréquemment le piquet en 150 points, — ce qui n'empêche pas de lui continuer la dénomination im-propre de « cent de piquet », — et il n'est venu à l'idée de personne, pas même d'un joueur, de modifier en conséquence les marques de ce jeu.

Et l'on parle de progrès!

Les conventions préliminaires posées, chacun des deux joueurs tire une carte du jeu pour savoir, non pas précisé-ment qui donnera, mais qui *commandera* la donne, attendu qu'ici la donne est un désavantage. En conséquence, la carte la plus haute donnant le droit de commander, c'est le joueur qui a la plus basse carte qui donnera infailliblement

Le donneur bat les cartes et les donne à *couper* à son adversaire, lequel, comme règle, a le droit de reprendre le paquet et de le battre à nouveau; s'il le fait, le donneur les bat de nouveau et les fait couper une seconde fois. — Hâtons-nous d'ajouter que ce *méli-mélo* n'a guère lieu qu'à la forêt de Bondy ou aux carrières d'Amérique.

Les cartes, battues et coupées une première et seule fois par le donneur, sont distribuées, douze pour chaque joueur, par deux ou trois à la fois; mais une fois le mode de distribution adopté, on doit le poursuivre pendant tout le cours de la partie, — à moins que l'adversaire du donneur prévenu de la fantaisie de celui-ci ait consenti à la modification proposée.

Les vingt-quatre cartes distribuées, il en reste naturellement huit au *talon*. Le donneur les divise en deux paquets, l'un de *trois* cartes qu'il place sur la table, l'autre de *cinq* qu'il dispose en travers du premier.

Les cinq cartes appartiennent au premier en jeu, qui a le droit d'écarter de son jeu, une fois vérifié, cinq cartes qui ne lui plaisent pas et de les remplacer par celles du talon qui lui sont destinées. Les trois autres reviennent au donneur après qu'il aura accompli la même formalité.

En cas de mal-donne, soit que le donneur se soit donné à lui-même ou ait donné à son adversaire une carte de trop, celui-ci a le droit d'exiger que la donne soit recommencée; mais il peut s'y tenir, et dans ce cas, si c'est lui qui a une carte de trop, il écartera cinq cartes, ne prendra que les quatre composant son paquet au talon, le donneur devant toujours avoir ses trois cartes. Si c'est celui-ci qui a treize cartes dans son jeu, le talon ne lui en gardera donc que deux, qu'il remplacera par un écart de trois cartes.

Si l'erreur est de plus d'une carte, le coup doit être recommencé.

Il en est de même s'il y a une carte retournée au talon.

On voit, par ce que nous venons de dire, que la première chose à faire pour le joueur, après avoir examiné, groupé, calculé la valeur des douze cartes qu'il vient de recevoir, c'est de combiner les chances que lui réservent les cartes du talon qui vont lui rentrer et d'écarter en conséquence.

C'est celui qui a la main, c'est-à-dire le premier en jeu, qui écarte le premier. Il a le droit de changer cinq cartes; mais il peut avoir avantage à n'en prendre que quatre, trois, même que deux et à abandonner les autres à son adversaire.

Il faut toutefois qu'il en prenne au moins une. Il peut regarder celles qu'il laisse au talon.

Comme son adversaire, le donneur peut prendre toutes les cartes du talon, y compris celles qui lui ont été abandonnées, ou n'en prendre qu'une partie, une seule au besoin. En tout cas, c'est par celles que lui a laissées son adversaire qu'il doit commencer. S'il en laisse, il a également le droit de les regarder.

Le gain d'une partie dépend, neuf fois sur dix au moins, d'un écart intelligent. Le premier objet qu'on doit avoir en vue, lorsqu'on écarte, c'est de tenter de faire le *point*, parce que ce n'est qu'à cette condition qu'on peut arriver au *soixante* ou au *quatre-vingt-dix*; le second, c'est d'avoir les cartes, c'est-à-dire de faire plus de levées que son adversaire, parce que celui qui fait le plus de levées, soit seulement sept sur douze, compte dix points en addition à ceux dont il a compté le dernier sur la dernière carte qu'il a jouée.

Il faut aussi calculer la chance, que le jeu en mains peut faire pressentir, de faire des *tierces*, des *quartes*, des *quintes*, des *seizièmes*, des *dix-septièmes* et des *dix-huitièmes*, c'est-à-dire de réunir trois, quatre, cinq, six, sept ou huit cartes de même couleur et se suivant sans solution de continuité (on dit *quintes*, *seizièmes*, etc., quoique les cartes réunies ne soient que cinq, six, sept, etc., parce que la tierce et la quarte seules comptent pour le nombre de cartes qui les composent, tandis qu'à partir de la quinte ces réunions de cartes valent 15, 16, 17 et 18 points.)

Enfin il ne faut pas négliger la possibilité de faire des *quatorze*, c'est-à-dire de réunir les as, les rois, les dames, les valets, ou les dix des quatre couleurs : cœur, carreau, pique et trèfle; sans toutefois que cette préoccupation fasse oublier le *point* ou les *cartes*, oubli qui pourrait avoir des conséquences graves par l'importance qu'il permettrait à l'adversaire de donner à son jeu.

Il résulte donc de tout ce qui précède que, lorsqu'on fait un écart, il importe surtout de se défaire des cartes isolées, d'une valeur insignifiante par elles-mêmes, ou au besoin de sacrifier des cartes de valeur, mais isolées, pour songer avant tout à ajouter, s'il est possible, des cartes à celles de la couleur desquelles on a le plus grand nombre déjà. Dans la recherche assez hasardeuse du quatorze, il faut craindre de se laisser entraîner à rejeter des cartes élevées qui peu-

vent, par une recrue moins hasardeuse vingt fois que celle
de la quatrième carte du quatorze, amener une quinte ou
une seizième, et par elles un plus grand nombre de points à
compter que n'en aurait produit le quatorze recherché si la
recherch~ avait eu un bon résultat.

Plutôt, d'ailleurs, que de vouloir trop améliorer un jeu
passable, il est sage, et c'est en effet le cas, de n'écarter que
deux ou trois cartes, encore qu'on ait droit à cinq. C'est encore là un abandon qu'il ne faut faire, s'il est possible, qu'à
bon escient, un moyen dont il ne faut user qu'avec mesure.
C'est une question de tact que la pratique développe plus ou
moins.

Le point. — Nous avons déjà parlé de la valeur respective
des cartes. Les joueurs, ayant écarté, rassemblent leurs cartes
et comptent les points que représentent celles dont ils ont
le plus grand nombre. Celui des deux joueurs qui possède
un nombre de cartes de même couleur supérieur à celui de
son adversaire, ou qui a un même nombre de cartes que lui,
mais représentant un chiffre de points supérieur aux siennes,
celui-là *a le point.*

Supposons, pour plus de simplicité, qu'un des joueurs a
cinq cartes en cœur, et que ces cinq cartes sont l'as, le roi,
la dame, le valet et le dix ; l'as, nous le savons, représente
onze points ; les quatre autres cartes, chacune dix ; soit quarante et onze, au total cinquante-un. Son adversaire a également cinq cartes, en pique, par exemple, qui sont l'as, le
roi, la dame, le dix et le huit. Celui-ci a évidemment deux
points de moins que l'autre. En conséquence, c'est cet autre
qui a le point.

Nous nous occuperons plus loin de la manière de compter
le jeu. Pour le moment, examinons les quatorze, les tierces,
quartes, quintes, etc., qu'il nous faut bien connaître pour être
à même de les bien compter.

Les quatorze. — Les quatorze consistent dans la réunion
des quatre as, des quatre rois, des quatre dames, des quatr
valets ou des quatre dix. Au dix s'arrête la série. Ainsi quatre
neufs, etc., ne valent plus rien que leur valeur ordinaire.

Un quatorze, soit de dix, soit d'as, compte pour quatorze
points, — quand il compte, c'est-à-dire quand l'adversaire
n'a pas un quatorze supérieur : par exemple, un quatorze de
rois annule le quatorze de dames de l'adversaire, et par la
même occasion les brelans de trois as, trois rois, trois dames,

trois valets et trois dix qu'il peut avoir ; tandis que celui qui possède le quatorze valable compte les brelans inférieurs qui peuvent y être joints dans son jeu.

Trois as, trois rois, trois dames, trois valets, trois dix comptent pour trois points, à moins que l'adversaire possède un brelan plus fort ou un quatorze qui empêcheraient de les compter.

Les tierces. — On appelle tierce la réunion de trois cartes de même couleur se suivant sans interruption.

Il y a six sortes de tierces :

Tierce majeure, composée de l'as, du roi et de la dame ;

Tierce au roi : roi, dame, valet ;

Tierce à la dame : dame, valet, dix ;

Tierce au valet : valet, dix, neuf ;

Tierce au dix : dix, neuf, huit ;

Tierce basse ou tierce au neuf : neuf, huit, sept.

Une tierce représente trois points, quand elle est *bonne*. Pour qu'elle soit bonne, il faut qu'elle ne soit pas annulée par une tierce plus forte, ou par une quatrième, une quinte, une seizième, une dix-septième ou une dix-huitième possédée par la partie adverse.

Quatrièmes. — La réunion de quatre cartes de même couleur, dans les conditions exigées pour former la tierce, s'appelle une quatrième. Il y a cinq quatrièmes, qui sont :

Quatrième majeure, composée de l'as, du roi, de la dame et du valet ;

Quatrième au roi : roi, dame, valet, dix ;

Quatrième à la dame : dame, valet, dix, neuf ;

Quatrième au valet : valet, dix, neuf, huit ;

Quatrième basse ou au dix : dix, neuf, huit et sept.

La quatrième bonne vaut quatre points. Elle est bonne lorsqu'elle réunit les conditions dont nous avons parlé à propos de la tierce.

Quintes. — Réunion de cinq cartes de même couleur, se suivant sans solution de continuité. Il y en a quatre :

Quinte majeure : as, roi, dame, valet et dix ;

Quinte au roi : roi, dame, valet, dix, neuf ;

Quinte à la dame : dame, valet, dix, neuf, huit ;

Quinte au valet : valet, dix, neuf, huit, sept.

La quinte reconnue bonne vaut *quinze* points.

Seizièmes. — Les seizièmes, réunion de six cartes dans les conditions indiquées ci-dessus, sont de trois sortes :

Seizième majeure : as, roi, dame, valet, dix, neuf :

Seizième au roi : roi, dame, valet, dix, neuf, huit ;
Seizième à la dame : dame, valet, dix, neuf, huit, sept.
La seizième bonne compte *seize* points.
Dix-septièmes. — Il n'y a que deux dix-septièmes, qui sont :
Dix-septième majeure : as, roi, dame, valet, dix, neuf, huit ;
Dix-septième au roi : roi, dame, valet, dix, neuf, huit, sept.
La dix-septième bonne vaut dix-sept points
Dix-huitième. — La dix-huitième étant la réunion complète des huit cartes d'une même couleur, il ne peut y en avoir qu'une par couleur, naturellement. Elle vaut dix-huit points.

Une tierce, une quarte, une quinte, une seizième, voire une dix-septième peuvent n'être point bonnes. Il suffit, comme nous l'avons dit, que l'adversaire ait en mains une *séquence* de valeur supérieure.

Même la dix-huitième peut être réduite, si dans la main de l'adversaire se trouve une autre dix-huitième qui *paye* la première. Ainsi, outre l'annulation d'une séquence plus faible par une plus forte, dont nous venons de parler, deux tierces, deux quatrièmes, deux quintes, deux seizièmes, deux dix-septièmes et même deux dix-huitièmes, c'est-à-dire deux séquences de même valeur, s'annulent réciproquement.

D'autre part, le joueur dont la quinte, par exemple, a été reconnue bonne, compte, grâce à cette circonstance, les quatrièmes ou les tierces qu'il peut avoir en outre de cette quinte, tandis que son adversaire ne pourra même pas compter une quinte, s'il en a une, plus faible que celle-ci, quoique supérieure à toute quatrième et tierce. — Nous avons déjà vu les quatorze reconnus bons entraîner la validation de trois cartes semblables, trois as, trois rois, en dépit des brelans plus élevés de la partie adverse.

Manière de compter. — L'écart fait, les cartes rassemblées par couleurs, les joueurs calculent le point représenté par les cartes d'une même couleur qui sont les plus nombreuses dans leur jeu, et que le premier en cartes doit, le premier, annoncer à haute voix.

Si, par exemple, ce dernier possède six carreaux, qui sont, supposons : l'as, le roi, la dame, le valet, le huit et le sept ; il annoncera *six cartes ;* si son adversaire en a un nombre égal, il lui demandera alors ce qu'elles valent ; et l'autre de compter ses points et de répondre : *cinquante-six*. Si le point de l'adversaire est inférieur à ce chiffre, il répondra : *C'est bon.* Le premier joueur comptera en conséquence six points; mais si l'autre a, au contraire, un point plus élevé, il répondra : *Cela ne vaut pas,* et ce sera à lui de compter le point. Si le point est égal de part et d'autre, le second joueur déclare : *C'est payé.* Les cartes dans ce cas sont abattues, le nombre de points vérifié, et il n'y a pas en réalité de point. Autrement celui dont le point est reconnu bon abat seul ses cartes pour prouver à son adversaire l'exactitude de sa déclaration.

Le premier en jeu passera alors en revue et annoncera les séquences, tierces, quartes etc., les quatorze, les trois cartes semblables, trois as, trois valets, etc., qu'il peut avoir. Ces diverses séquences peuvent, de même que le point, être déclarées bonnes, mauvaises ou payées. Dans le premier cas, le joueur les montrera; dans les deux autres, son adversaire lui prouvera son affirmation.

Lorsque l'un des joueurs a son jeu composé uniquement de cartes blanches, il le déclare, avant d'écarter, à son adversaire, mais quand celui-ci a déjà fait son écart. *Dix de cartes blanches* prévient et annule d'avance le coup de soixante ou de quatre-vingt-dix pour l'adversaire, qui ne compte plus que la valeur exacte de ses points.

Comme exemple de la manière de compter les points, nous reprenons notre hypothèse de tout à l'heure et nous disons, nous substituant à notre premier joueur : six cartes reconnues bonnes, 6; quatrième majeure (également bonne), 10; tierce basse, 13; trois as, 16; je joue, 17. Le second joueur, avant de couvrir la carte jouée, compte à son tour ce qu'il peut avoir à compter — et dans le cas actuel il n'a rien. Ensuite il joue une carte de même couleur que celle précédemment jouée, à moins toutefois qu'il n'en ait pas. Il fait la levée, naturellement, si sa carte est plus forte que celle de son adversaire; autrement celui-ci continue à jouer et à compter.

Ajoutons qu'une fois sa première carte abattue, le premier joueur ne peut plus revenir sur ce qu'il a compté, au cas où il aurait commis quelque oubli.

Quand on a un certain nombre de cartes de même couleur, dont les supérieures sont entre les mains de l'adversaire, il est très-important de les *affranchir* en faisant tomber ces cartes supérieures et en conservant les autres qui feront des levées certaines quand reviendra le tour de main.

Le joueur qui fait la dernière levée la compte double ; on compte ensuite le nombre de levées faites de part et d'autre, et celui qui en a fait le plus ajoute dix points à ceux qu'il a déjà comptés. — C'est ce qu'on appelle « faire les cartes ». Si le nombre de levées est égal, naturellement il n'y a rien à compter pour personne.

Si la partie n'est pas terminée du premier coup, on continue à jouer, chaque joueur donnant les cartes à son tour. Lorsqu'elle est terminée et que l'on désire en recommencer une autre, il est d'usage de tirer à nouveau à qui la main.

Pic, repic et *capot*. — Lorsque le premier joueur, ayant compté son jeu et le reste, joue en continuant de compter jusqu'à trente, avant que son adversaire ait pu compter *un* ; au lieu de trente, il compte *soixante*, pour continuer, s'il y a lieu à compter, soixante et un, soixante-deux, etc. C'est le *pic*.

Quand le chiffre de trente est atteint dans le jeu même de l'un ou de l'autre joueur, avant que le premier en cartes ait pu jouer, au lieu de soixante, le joueur favorisé compte *quatre-vingt-dix*. C'est le *repic*.

Enfin il y a *capot* quand l'un des joueurs, son adversaire eût-il le point, des quintes, des quatorze, etc., fait à lui seul les douze levées. Dans ce cas, la dernière levée n'est pas comptée double, et l'on compte, au lieu des dix points que donne la majorité des levées, *quarante points*.

RÈGLES DE DÉTAIL DU JEU DE PIQUET

Lorsqu'en donnant les cartes on s'aperçoit qu'il y en a une ou plusieurs de retournées, la règle est de recommencer à battre, couper et donner.

Celui qui, ayant fait son écart, prend plus de cartes qu'il n'en a jeté, ou qui joue avec plus de douze cartes, *compte à la muette*, c'est-à-dire ne compte rien, tandis que son adversaire compte tout ce qu'il a dans son jeu, que ce soit plus fort ou plus faible que les avantages correspondants auxquels le coupable est obligé de renoncer.

Celui qui commet la faute contraire, c'est-à-dire qui joue avec moins de cartes qu'il n'en devrait avoir, supporte purement et simplement les conséquences de son erreur. En d'autres termes, il compte ce qu'il a, les points qu'il fait ; mais il ne peut faire la dernière levée, puisqu'il lui manque une carte ; il ne peut donc compter deux points pour la dernière levée ; ni, si le jeu le favorise, faire capot son adversaire, lequel au contraire pourra le faire capot lui-même simplement en faisant onze levées au lieu de douze.

On ne peut plus revenir à son écart lorsque, après avoir jeté les cartes dont on croyait pouvoir se démunir, on a touché le talon, qu'on ait trop ou trop peu écarté. C'est une règle absolue.

On ne peut regarder les cartes du talon qui vous sont réservées qu'après avoir écarté, — sous peine de *compter à la muette.*

Le premier en main, à qui, par conséquent il revient cinq cartes, peut, comme nous l'avons dit précédemment, ne pas les prendre toutes. Dans ce cas, il en prévient son adversaire en disant : *J'en laisse... tant;* ou : *Je n'en prends que tant.*

Celui qui, ayant écarté moins de cartes qu'il n'en doit prendre, s'aperçoit de sa faute avant d'avoir vu les cartes du talon, peut remettre au talon ce qu'il a de trop, excepté pourtant si son adversaire a pris les siennes et les a vues. Dans ce dernier cas, comme dans celui où le coupable aurait retourné et vu les cartes du talon, l'adversaire a le droit d'exiger que le coup soit joué tel quel, la carte de trop mise à l'écart après avoir été vue des deux joueurs, ou que le coup soit refait.

On ne peut faire deux fois de suite; mais on ne le fait pas exprès, puisque c'est un désavantage. Dans le cas où cette faute serait commise et entièrement consommée, tant pis pour le coupable; mais si celui-ci s'aperçoit de sa distraction avant d'avoir vu son jeu, il peut contraindre son adversaire à faire à son tour, quand même celui-ci aurait vu son jeu.

Le joueur qui a oublié de compter quelque chose dans son jeu et ne s'en aperçoit qu'après avoir jeté sa carte n'y peut plus revenir, ni par conséquent empêcher que son adversaire compte tout ce qu'il a dans son jeu, même d'inférieur à ce qui a été oublié dans le sien. Mais s'il s'en aperçoit avant d'avoir joué, il est parfaitement admis à rectifier l'erreur commise.

Toute carte jetée sur la table est carte jouée et on ne peut la reprendre, excepté dans le cas où, étant le second en carte, on aurait renoncé par mégarde, ayant dans son jeu de la couleur demandée; si on n'a pas de cette couleur, la carte

etée par mégarde ne peut être reprise pour lui en substituer
une autre.

Quiconque annonce faussement un quatorze ou quelque séquence qu'un écart inconsidéré lui a enlevé compte à la
muette.

Compter à la muette est d'ailleurs une pénalité fréquemment appliquée à des fautes auxquelles la mauvaise foi est le
plus souvent étrangère, mais qui pourtant, si elles n'étaient
reconnues, porteraient un préjudice certain à l'adversaire.

Si le dernier en carte retourne et voit une carte du talon
de l'autre joueur, il est loisible à celui-ci de faire refaire après
examen de son jeu.

Si c'est le premier en jeu qui a commis la faute, au préjudice de son adversaire, celui-ci a le droit de lui imposer une
couleur à jouer.

Celui qui renonce, lorsqu'il peut faire autrement, est obligé
de reprendre sa carte si son adversaire l'exige, et de jouer la
couleur demandée par celui-ci.

Si, croyant avoir perdu, l'un des joueurs jette ce qui lui
reste de cartes en mains sur le tapis, son adversaire, en montrant son jeu à son tour, comptera toutes les levées qui restent à faire, bien que, vérification faite, il puisse se trouver
que le joueur trop tôt découragé pouvait faire quelques levées
qu'il ne prévoyait pas.

PIQUET A TROIS, OU PIQUET NORMAND

Le piquet à trois, dit *piquet normand*, n'est en réalité que
le piquet ordinaire joué à trois personnes, division qui néces-
site naturellement quelques modifications que voici :

La donne tirée comme d'usage, celui qui donne fait couper
par son voisin de droite et distribue, en commençant par
son voisin de gauche, dix cartes à chacun des joueurs et à lui-
même, par deux et trois cartes alternativement; ce qui fait
trente cartes. Les deux dernières restent au talon, et le donneur a le droit de les échanger contre deux cartes de son
jeu ou de les laisser sur le tapis après les avoir vues. Dans ce
dernier cas, les deux cartes du talon n'appartiennent à personne et personne autre que le donneur n'a le droit de les regarder ; elles restent sur le tapis.

Le dix de cartes blanches, le point, les quatorze, les séquences, etc., sont comptés de la même manière qu'au piquet ordinaire.

Pour compter quatre-vingt-dix en mains, il suffit d'avoir vingt'points à compter avant de jouer, au lieu de trente qu'il faut au piquet proprement dit.

Ce même chiffre de vingt points (au lieu de trente) atteint en jouant, compte soixante. Il est bien entendu que, pour compter soixante ainsi, il faut faire vingt points avant qu'aucun des deux adversaires ait pu rien compter ni faire la moindre levée.

Celui qui fait le plus grand nombre de levées compte dix points additionnels, comme au piquet ordinaire.

Dans le cas où les levées se trouveraient réparties également entre deux joueurs, c'est celui qui aura fait les quatre premières qui marquera dix points.

Le *capot*, dans le piquet à trois, a deux aspects distincts :

Lorsqu'un seul des joueurs a fait toutes les levées, il marque quarante points comme au piquet ordinaire ; si un seul des trois joueurs est capot, les quarante points sont partagés entre les deux autres, qui marquent chacun vingt points.

Le capot unique est assez fréquent à ce jeu.

Enfin le premier des trois joueurs qui atteint le chiffre de points fixé pour le gain de la partie se retire, laissant les deux autres s'escrimer au piquet ordinaire à deux. — C'est là la phase décisive, car celui qui succombe dans ce dernier combat est le seul perdant, et paie aux deux autres l'enjeu consenti.

Le piquet à trois se joue également en cent, cent cinquante ou deux cents points. — Il peut toujours, en somme, être joué en tel nombre de points qu'il plaît aux joueurs ; c'est affaire de pure convention.

PIQUET A QUATRE, OU PIQUET VOLEUR

Le piquet à quatre, c'est le piquet à deux joué par deux partners contre deux autres, avec quelques modifications que nous allons indiquer :

On tire au sort, d'abord, l'association : les deux joueurs qui ont tiré les deux cartes les plus hautes sont associés ou partners, contre les deux autres, qui ont tiré les cartes les plus faibles.

Cela fait, les joueurs se placent de manière à ce que deux partners ne puissent jouer l'un sur l'autre ; c'est-à-dire que les deux associations se mêlent, deux associés séparés de chaque côté par un adversaire.

Alors on tire la main.

Ces préliminaires achevés, le donneur distribue les cartes, huit à chaque joueur, par deux et par trois ou simplement par deux, en commençant par celui de gauche bien entendu, après avoir battu les cartes et donné à couper à son voisin de droite.

La distribution faite, il ne reste donc rien au talon, les trente-deux cartes étant aux mains des joueurs.

Le premier en cartes annonce alors son jeu, exactement comme dans les jeux précédents, recevant les mêmes réponses de *c'est bon, ça ne vaut pas*, etc. La différence réside en ceci, que le joueur dont le jeu est bon, c'est-à-dire qui possède les tierces, quartes, quintes, etc., le quatorze, les trois cartes semblables les plus fortes, y joint les plus faibles qui se trouvent dans le jeu de son partner.

Les deux associés qui réunissent le plus de levées comptent dix points additionnels, comme dans les exemples précédents ; et quarante, s'ils font leurs deux adversaires capots.

Dans le jeu de piquet à quatre, comme dans tous les jeux d'associations, une grande attention, une finesse particulière même est tout à fait nécessaire ; car il faut deviner, en quelque sorte, le jeu de son associé, afin de le seconder dans la mesure du possible.

PIQUET A ÉCRIRE

Le piquet à écrire est soumis aux mêmes règles fondamentales que le piquet ordinaire. La manière de compter seule diffère, et diffère assez pour en faire un jeu tout particulier.

Cette variété du piquet se joue à plusieurs personnes, à trois, quatre, même jusqu'à sept, en ce sens que, bien que deux joueurs seulement tiennent les cartes, des rentrants prennent à tour de rôle la place de celui qui a fait le moins de points dans le temps convenu.

On convient, avant de commencer, en combien de *rois* ou de *tours* on jouera. Ces mots de rois et de tours sont tout conventionnels, et signifient, celui-ci deux coups, et le roi, deux tours.

On manipule donc ses cartes exactement comme s'il s'agissait du piquet proprement dit ; puis, à la fin de chaque coup, les deux joueurs établissent le compte des points qu'ils ont faits, de la manière suivante :

Le premier, par exemple, a fait au premier coup trente points, son adversaire en a fait seulement dix ; dans ce cas, on soustrait le chiffre le plus bas du plus élevé : de trente ôtez dix, reste vingt ; et l'on écrira au compte du premier vingt points. Si, au deuxième coup, la chance ayant tourné, le second joueur fait quarante points et son adversaire dix, le calcul contraire aura lieu ; de quarante ôtez dix, reste trente ; et l'on marquera trente au profit du nouveau gagnant ; ou, faisant une nouvelle soustraction, vingt seulement, en effaçant les dix du premier, ce qui revient au même.

Les points sont inscrits sur une feuille de papier, qu'on raye d'autant de colonnes qu'il y a de joueurs, dans l'hypothèse d'un certain nombre de rentrants.

La différence dans la manière de compter ne se borne pas là. Le chiffre de points faits par un joueur au-dessous de cinq — de un à quatre — ne compte pas ; à partir de cinq, les points comptent pour dix et ainsi de suite : quinze pour vingt ; vingt-cinq pour trente, etc. En outre, il y a vingt points de *consolation* portés au gain de celui qui a fait le plus grand nombre de points. — Ce chiffre de vingt points n'est pas immuable ; on peut l'abaisser ou l'élever d'un commun accord ; mais c'est le chiffre le plus habituellement admis.

Le nombre de tours ou de rois joué, on établit le compte de chacun, et les payements s'effectuent généralement avec des jetons revêtus d'une valeur fictive et représentant un certain nombre de points. — Les payements en argent, s'il y a lieu, se font naturellement par le décompte de ces jetons.

LA TRIOMPHE

La triomphe se joue avec un jeu de trente-deux cartes ayant la même valeur qu'au jeu de l'écarté, avec lequel ce jeu a d'ailleurs beaucoup de rapports : la manière de couper, distribuer les cartes, de jouer, le nombre de cartes données à chaque joueur sont les mêmes qu'à l'écarté. Seulement on

n'écarte pas, et le roi ne fait pas marquer un point à celui qui
l'a dans son jeu ou qui le retourne.

Le donneur ayant donc distribué à son adversaire et à
lui-même, chacun cinq cartes, tourne la onzième qui indique
la *triomphe* ou l'atout.

On doit fournir à la couleur demandée par le premier en
jeu, ou, à défaut, couper avec de l'atout. Si l'on n'a ni de
cette couleur ni de l'atout, il va sans dire qu'on joue ce qu'on
a ; on ne peut jeter sur la carte de son adversaire une carte
plus basse, si l'on en possède une plus haute : en d'autres
termes, on est tenu de *forcer* toutes les fois qu'on le peut.
Comme à l'écarté encore, le joueur qui fait trois levées marque
un point ; s'il les fait toutes les cinq, s'il fait la vole en un
mot, il marque deux points.

Avant de jouer, l'un ou l'autre joueur peut offrir à son adversaire un point pour avoir le droit de refaire ; si celui-ci
accepte, il marque le point et le coup est recommencé sans
changement de main ; s'il refuse le point qui lui est offert, il
faut qu'il en fasse deux, c'est-à-dire la *vole*, sinon il perd
deux points. — Il est facile de comprendre que le joueur qui
offre un point à son adversaire se juge assez mal partagé pour
avoir à craindre d'en perdre deux, et que celui qui refuse ce
point n'a d'autre raison de le faire que l'espoir précisément
de faire la vole.

De même, les deux joueurs ayant chacun quatre points, l'un
d'eux peut offrir un point à son adversaire pour remettre la
partie en sept points, — au lieu de cinq, comme c'est l'usage ;
et celui-ci est, comme dans le cas précédent, forcé de faire la
vole pour *gagner*, autrement il perd deux points dont son
adversaire profite, et la partie est de ce fait reportée à sept
points comme celui-ci l'avait demandé.

La triomphe se joue encore à quatre ou six personnes, par
associations de deux ou de trois. Dans ce cas, les associés se
placent à côté l'un de l'autre et se montrent réciproquement
leur jeu, mais sans prononcer une parole. Ils jouent ensuite
à tour de rôle et suivant les principes posés pour la triomphe
à deux.

On peut encore jouer la triomphe à plusieurs sans pour
cela s'associer, c'est-à-dire « à chacun pour soi, » suivant
le terme consacré. Il n'est pas besoin d'entrer dans de grands
détails pour faire sentir la différence de ce jeu avec les deux
précédents. La seule qu'il importe de rappeler, c'est que, dans

le cas d'égalité de levées entre plusieurs joueurs, c'est celui qui a fait les premières qui gagne.

RÈGLES A OBSERVER

Si le jeu dont on se sert est incomplet ou faux et qu'on ne s'en aperçoive qu'après que plusieurs points ont été marqués, les points seront effacés et le jeu changé.

Le joueur qui fait mal-donne perd un point.

Celui qui joue avant son tour perd également un point, s'il n'a pu reprendre sa carte avant qu'elle soit couverte.

Le joueur qui renonce, ayant de la couleur demandée, ou qui, n'en ayant pas, ne coupe pas lorsqu'il peut le faire, perd un point, — ou même deux points suivant les conventions arrêtées d'avance.

Pour le reste, consulter les règles spéciales à l'écarté.

LA MOUCHE

La *mouche* se joue entre trois et jusqu'à six personnes. Dans le premier cas, on se sert d'un jeu de trente-deux cartes ; si l'on est six, on se sert d'un jeu entier ; si l'on est quatre ou cinq, il est loisible aux joueurs d'enlever du jeu entier une, deux ou trois des plus basses cartes, de manière qu'il reste en tout cas au talon un nombre de cartes assez considérable pour permettre à chaque joueur d'en écarter, et par conséquent d'en changer au moins trois de son jeu.

On tire la main et l'on distribue exactement comme à l'écarté ou à la triomphe, en retournant ensuite la première carte du talon pour indiquer l'atout.

Les cartes ont la même valeur que dans ces deux jeux.

On marque les points avec des jetons.

Ces dispositions prises, le premier joueur, ayant examiné son jeu, peut demander à changer ses cartes en tout ou partie, si elles lui paraissent désavantageuses ; dans le cas contraire, il les garde et en prévient ses adversaires en disant : *Je m'y tiens.* Le même droit appartient à chacun des autres joueurs à tour de rôle.

Le joueur dont le jeu est parfaitement détestable et qui pourtant ne veut pas courir les chances d'un écart peut

l'écarter en entier, ou, s'il n'y a pas de cartes à l'écart avant
les siennes, les placer sans rien dire sous le talon.

On fait usage, au jeu de la mouche, de quelques termes spéciaux dont il est utile de donner la clef avant d'aller plus
loin.

Par exemple : *la mouche*, qui signifie l'enjeu figuré ordinairement par des jetons (autant de jetons qu'il y a de joueurs)
que chaque joueur amoncelle au milieu de la table avant
que les cartes aient été battues. On appelle cette action pré-
liminaire *faire la mouche*; le joueur qui, n'ayant fait aucune
levée, ajoute au tas autant de jetons qu'il y a de joueurs, *fait*
également *la mouche*; la fait de même tout joueur qu'une
faute quelconque a soumis à la pénalité d'un nombre de jetons
égal au nombre total des joueurs.

Mouche se dit encore d'une réunion de cinq cartes de la
même couleur dans une même main.

Enfin ce mot sert à désigner le jeu lui-même.

Lorsqu'il y a plusieurs mouches au jeu, c'est-à-dire plusieurs fois autant de jetons que de joueurs, on dit que la
mouche est *double*, *triple*, *quadruple*, etc.; on dit aussi dans
ce cas, d'une manière générale non moins que facétieuse, que
« la mouche est piquante ».

Les autres termes n'ont pas besoin d'explication, étant
empruntés d'expressions d'un usage vulgaire.

Nous avons dit que le joueur qui possède cinq cartes de la
même couleur gagne la mouche; il la gagne sans avoir besoin
de jouer; ses adversaires abattent alors leur jeu, et l'on recommence. Mais s'il y a plusieurs joueurs dans le même cas,
c'est celui qui a la mouche de la couleur de l'atout qui gagne;
à son défaut, celui dont le point est le plus élevé, les figures et
l'as comptant pour dix et les autres cartes pour les points
qu'elles indiquent. Enfin, à égalité de points, l'avantage est
attribué à la *primauté*, c'est-à-dire au premier en cartes.

Le joueur qui a la mouche peut ne l'annoncer qu'à son
tour de jouer; il se borne alors à déclarer qu'*il s'y tient* et
attend, dans l'espoir de gagner, outre son jeu, les mouches
qui peuvent se produire de la manière expliquée ci-après. Si
cependant on lui demande, après sa déclaration de s'y tenir,
s'il *sauve la mouche*, il doit répondre vrai, — ou pas du tout.
Mais son silence est d'une interprétation facile.

Les autres joueurs alors abattent leur jeu et n'ont ainsi rien
à payer.

Quand un joueur a la mouche, ceux qui n'ont pas abattu leur jeu et jouent dessus paient une mouche, c'est-à-dire un nombre de jetons égal à ceux qui se trouvent sur le jeu.

La même pénalité frappe celui qui renonce, qui ne coupe pas, ou ne force pas sur la coupe ou la couleur jouée, pouvant le faire; celui qui reprendrait des cartes à son écart ou commettrait quelque peccadille du même genre.

Chaque levée vaut au joueur qui l'a faite un jeton, quand la mouche est simple; si elle est double, triple ou quadruple, il prend deux, trois ou quatre jetons et ainsi de suite.

La découverte que le jeu dont on se sert est faux ou incomplet n'annule que le coup pendant lequel cette découverte est faite.

LE PAMPHILE OU MISTIGRIS

Ce jeu n'est qu'une variété de la mouche, dans laquelle c'est le valet de trèfle, baptisé *mistigris* pour la circonstance, qui l'emporte sur toutes les autres cartes, même sur le roi d'atout.

Celui donc qui a mistigris dans son jeu reçoit de chacun des autres joueurs un ou plusieurs jetons, suivant ce qui aura été convenu.

Si le joueur qui a mistigris dans son jeu possède en même temps quatre cartes de la même couleur, mais autre que le trèfle, il ne peut gagner la mouche, puisqu'il lui faudrait pour cela avoir cinq cartes de la même couleur.

Généralement cependant on convient que le mistigris prendra la couleur de l'atout, fiction qui permet de faire passer, par exemple, quatre carreaux et le valet de trèfle pour cinq carreaux.

C'est purement et simplement affaire de convention.

LE RAMS

Le *rams* se joue avec un jeu de trente-deux cartes ayant la même valeur qu'à l'écarté. Comme à l'écarté, la donne, étant un avantage, se tire à la plus haute carte et les cartes sont distribuées, cinq à chaque personne, par deux et trois ou trois et deux. La première carte du talon est ensuite retournée comme indicatrice de l'atout.

Le nombre des joueurs peut être de trois, quatre, cinq ou six ; mais, quel qu'en soit le nombre, il n'y a ordinairement qu'un gagnant et un perdant. Chaque joueur reçoit un certain nombre de jetons toujours égal, naturellement, — le plus souvent cinq.

Le premier en cartes, la retourne vue, déclare, suivant que son jeu lui paraît bon ou mauvais, qu'il *tient* ou qu'il *passe*. Tous les autres joueurs, à tour de rôle, l'imitent, en faisant la déclaration que leur inspire l'examen de leur jeu. Si tous déclarent *passer*, c'est le donneur qui gagne, qui fait *rams*, suivant l'expression consacrée; dans ce cas, il remet ses cinq jetons et se retire.

Tous les joueurs ayant parlé, le donneur écarte une carte de son jeu, sans la montrer, et prend la retourne.

Si un seul joueur *tient*, il fait *rams*. Toutefois, en présence de cette situation, le premier en cartes peut revenir sur sa première déclaration et tenir contre le joueur. Ce droit n'appartient qu'à lui seul.

Lorsque plusieurs joueurs tiennent, le premier abat une carte, à laquelle les autres doivent fournir, forcer s'il y a lieu, ou qu'ils doivent couper avec de l'atout s'ils en possèdent, chacun à son tour.

A chaque levée, le joueur qui l'a faite se débarrasse d'un jeton.

Celui qui, ayant tenu, n'a fait aucune levée, ajoute au contraire cinq jetons à ceux qu'il avait déjà; — il est ainsi *ramsé*, suivant l'expression consacrée.

Lorsqu'un joueur n'a plus de jetons, il se retire, et la partie continue, jusqu'à ce que, des deux derniers joueurs restant, le plus heureux se débarrasse à son tour de ses jetons : son adversaire est naturellement le perdant.

On joue aussi le rams avec un *mort*, quand les joueurs sont moins de six. Ce mort reçoit cinq cartes comme les autres; le donneur les lui distribue en même temps, en les déposant sur le tapis. Le premier en cartes, si son jeu ne lui convient pas, peut prendre les cartes du mort, sans les regarder. S'il préfère jouer avec son jeu, le joueur suivant hérite de son droit, qui peut aussi devenir une obligation.

RÈGLES DU JEU DE RAMS

Lorsqu'un joueur a déclaré qu'il passe, il remet, sans les faire voir, ses cartes au talon.

Le joueur qui, le coup non achevé, a assez de levées pour se retirer, ne doit pourtant pas le faire avant la fin. C'est ici l'intérêt des autres joueurs qui est en jeu. — Il est bien entendu que cette règle n'est plus applicable dès qu'il ne reste plus que deux joueurs en présence.

Nous avons indiqué, au cours de notre description du rams, les quelques pénalités qu'il est d'usage d'infliger aux joueurs qui se rendent coupables de fautes ou d'irrégularités volontaires ou non. Nous n'y reviendrons donc pas.

LE MARIAGE OU BRISQUE

Méthode de coupe, de distribution, de retourne d'atout, semblable à celle de l'écarté. Le mariage se joue à deux personnes et avec cinq cartes. C'est le jeu de trente-deux cartes, ou jeu de piquet, qui y est employé.

L'ordre de valeur des cartes est celui-ci : l'as d'abord, qui vaut 11 points; puis le dix, qui en vaut 10; le roi, 4; la dame, 3; le valet, 2. Les basses cartes, c'est-à-dire les neuf, les huit et les sept, n'ont isolément aucune valeur numérique.

Les cartes distribuées et vues par chacun des joueurs, le premier en jeu commence. A chaque nouvelle levée, les joueurs prennent une autre carte au talon pour remplacer celle qu'ils viennent de jeter. Celui qui a fait la levée précédente peut rejouer aussitôt après avoir repris une carte.

On a la liberté de renoncer, tant qu'il y a des cartes au talon; mais lorsqu'il n'y en a plus, on est tenu de couvrir la carte jouée, de forcer ou de couper.

La partie se fait ordinairement en six cents points. On y parvient de plusieurs manières. Il y a d'abord, comme au piquet (voyez **Piquet**), les quintes, les quatrièmes, les tierces, ainsi que les quatre as, les quatre dix, les quatre rois, les quatre dames et les quatre valets; en outre, il y a le mariage; puis la réunion de cinq figures, de cinq cartes blanches ou de cinq atouts; la retourne, si c'est un as, un dix, ou une figure; l'as d'atout; la dernière carte du talon; les cinq dernières levées; la valeur de chacune des cinq plus hautes cartes et la *vole*.

La quinte majeure vaut 200 points; la quinte au roi 150; la quinte à la dame, 100; la quinte au valet, 50.

La quatrième majeure vaut 100 points; la quatrième au roi, 80; la quatrième à la dame, 60; la quatrième au valet, 40; la quatrième au dix, 30.

Les tierces valent, en suivant la même progression : tierce majeure, 60 points; tierce au roi, 50; à la dame, 40; au valet, 30; au dix, 20; au neuf, 10.

Lorsque ces séquences, quintes, quatrièmes et tierces sont dans la couleur de l'atout, leur valeur est doublée.

Les quatre as valent 150 points; les quatre dix, 100; les quatre rois, 80; les quatre dames, 60, et les quatre valets, 40.

Le mariage (réunion d'un roi et d'une dame de même couleur) vaut 20 points; dans la couleur de l'atout, il vaut le double.

Cinq figures dans un jeu valent 20 points, et lorsque le joueur, après en avoir jeté une, en reprend une autre au talon, complétant ainsi ses cinq figures à nouveau, il compte à nouveau aussi 20 points. Il peut d'ailleurs les compter autant de fois qu'il renouvelle ses cinq figures.

De même pour le *dix* de cartes blanches, qui se compte autant de fois que la prise en talon permet de renouveler le coup.

Contrairement à ce qui semble découler de ces principes, si l'on a déjà compté une quinte, une quatrième ou une tierce, et qu'après avoir joué une des cartes formant la séquence en question on en relève une de même couleur formant une autre séquence, — par exemple si, ayant compté une quinte majeure, on joue l'as et que l'on reprenne le dix, on aura de la sorte une quinte au roi, — mais elle ne peut compter. Comme au piquet, du reste, ces mêmes cartes peuvent seulement rentrer dans la combinaison des quatre as, quatre dix, quatre rois, quatre dames, quatre valets, etc.

Il y a le mariage dans le jeu et le mariage de rencontre.

Par exemple, lorsqu'on n'a dans son jeu que le roi ou la dame et que le talon fournit l'autre carte, on fait ce qu'on appelle un mariage de rencontre. Ces sortes de mariages sont aussi bons que les autres. Les cartes qui forment les mariages peuvent avoir compté dans d'autres séquences.

Si lorsqu'il a distribué les cartes celle qu'il retourne sur le talon est un as, un dix ou une figure, le donneur compte 10 points. L'as d'atout dans le jeu vaut 30 points.

Le joueur qui a dans la main le sept d'atout peut l'échanger contre la retourne ; mais il faut que ce soit au moins avant de jouer pour la dernière levée des cartes du talon.

Le joueur qui fait les cinq dernières levées compte 20 points.

Celui qui lève la dernière carte du talon compte 10 points.

Celui qui a cinq atouts dans la main, toutes les cartes du talon levées, compte 30 points.

Celui qui, en fin de compte, a fait le plus de levées compte 10 points.

Tous ces comptes terminés, il reste encore au joueur à compter les points représentés par la valeur conventionnelle des cartes dont nous avons parlé en commençant : 11 points pour un as, 10 pour un dix, 4 pour un roi, 3 pour une dame, 2 pour un valet.

La vole fait gagner la partie.

BESY OU BESIGUE

Le besy a beaucoup de rapport avec le mariage, mais il est plus absorbant et plus compliqué.

On le joue habituellement à deux personnes avec deux jeux de trente-deux cartes, ou à trois personnes, en enlevant un huit d'un des jeux, afin d'obtenir un chiffre de cartes (63) divisible par trois.

La valeur des cartes suit la progression suivante : l'as, le dix, le roi, la dame, le valet, le neuf, le huit et le sept.

On tire la donne à la plus haute carte.

Le donneur désigné pour le sort, ayant mêlé et fait couper les cartes comme d'usage, en distribue neuf, trois par trois, à chacun des joueurs, et retourne, — s'il s'agit du jeu à deux personnes, — la dix-neuvième pour indiquer l'atout.

Si le donneur retourne un sept, il marque 10 points ; s'il retourne une autre carte et que son adversaire ait le sept d'atout dans son jeu, c'est lui au contraire qui s'attribue les 10 points, en échangeant ce sept contre la retourne. Ce compte

de 10 points et cet échange de cartes ne sont faits qu'après que
le joueur favorisé a fait une levée.

Le premier en cartes, unique adversaire ou voisin de droite
du donneur, commence, et, comme dans la brisque, chaque
levée autorise les joueurs à remplacer les cartes jetées par
une carte du talon, en commençant par celui qui a fait la
levée.

Tant qu'il reste des cartes au talon, on n'est obligé ni de
fournir la couleur demandée, ni de forcer, ni de couper avec
un atout; mais on y est absolument forcé dès qu'il n'y a plus
d'autres cartes à jouer que celles que les joueurs ont entre
les mains.

Les chances du jeu de besy sont :

La quinte majeure en atout, qui vaut 250 points; on ne
peut toutefois la compter qu'après avoir compté 40 de mariage
et la compléter qu'après une seconde levée.

La réunion des quatre as vaut cent points. Lorsqu'on
joue avec plusieurs jeux, même avec deux seulement, il est
d'usage de ne compter les quatorze d'as, de rois, de dames et
de valets, qu'autant que ces cartes appartiennent à des couleurs différentes; pourtant ce n'est pas une règle absolue, et
beaucoup de joueurs conviennent que les *quatorze panachés* seront admis.

Les quatre rois valent 80 points; les quatre dames, 60; les
quatre valets, 40.

Le *besy* (réunion de la dame de pique et du valet de carreau) vaut 40 points.

Le retour du besy vaut 500 points; si les cartes qui le
forment (dame de pique et valet de carreau) se présentent
une troisième fois dans le jeu, ce qui peut arriver, quoique
très-rarement, elles donnent 1 500 points et font gagner d'emblée la partie au joueur qui les a.

Le mariage formé par la réunion d'un roi et d'une dame
de même couleur compte 20 points. Le mariage d'atout vaut
le double.

Une carte ayant déjà figuré dans un quatorze ne peut plus
compter dans une pareille réunion; mais elle peut servir à
une combinaison différente. Par exemple, un roi ayant fait
partie d'un quatorze peut compter encore dans un mariage ou
une quinte majeure, si c'est le roi d'atout. De même l'as
d'atout peut figurer dans la quinte; de même la dame de pique

ou le valet de carreau peuvent, réunis, compter en outre 40 de besy, après avoir figuré dans des quatorze.

Les points se comptent dans l'intervalle d'une levée qu'on vient de faire et du recours au talon, par conséquent lorsqu'on n'a en mains que huit cartes.

Lorsqu'on a annoncé les groupes de cartes marquants, on abat ces cartes, et elles restent étalées sur le tapis.

Toute carte marquante, toute nouvelle combinaison est indiquée à l'adversaire.

La dernière levée vaut 10.

Le coup terminé, les cartes sont retournées et les comptes faits d'après la valeur des cartes. Les as et les dix valent 10 points, comme brisques.

Dans le cas où deux joueurs, finissant ensemble, dépasseraient le but, c'est le joueur qui en aurait le plus qui gagnerait; et s'ils en avaient autant l'un que l'autre, celui qui a fait la dernière levée.

Pour marquer ses points, on se sert de la marque du jeu de piquet, à laquelle on joint des jetons revêtus d'une valeur fictive; par exemple, deux jetons valant chacun *cinq cents;* quatre jetons de forme ou de couleur différente valant chacun *cent;* et les *cent* de la marque du piquet.

RÈGLES DE PÉNALITÉS DU BESY

Un joueur qui joue avec moins de neuf cartes a le droit d'en prendre deux, au lieu d'une au talon, quand son tour viendra. Il n'est passible d'aucune pénalité pour cette faute.

Celui qui joue avec plus de cartes qu'il n'en doit avoir est puni d'une amende de 60 points. Si l'irrégularité s'est perpétuée jusqu'à la fin du jour, l'amende sera portée à 150 points.

On doit annoncer ses points, comme nous l'avons dit, avant de prendre au talon sa neuvième carte. Le joueur qui aurait oublié quelque chose à ce moment devra attendre à la levée suivante, toujours avant de recourir au talon.

On ne peut annoncer qu'une seule chance par levée. Si on possède plusieurs combinaisons marquantes, on choisira celle qu'on voudra annoncer la première. La déclaration des autres sera renvoyée aux levées prochaines.

La dernière carte du talon levée, on ne compte plus rien. De sorte qu'il peut arriver de perdre avec un fort beau jeu en mains.

Une carte du talon retournée est replacée dans le jeu au hasard.

On ne doit pas interroger le talon de manière ou d'autre pour se rendre compte des levées restant à faire.

BESY EN CINQ CENTS

Cette variété de besy se joue avec un seul jeu de piquet, entre deux personnes.

La partie se joue en 500 points.

La quinte majeure vaut *cinq cents* et fait gagner d'emblée; elle se compte en une seule fois.

La valeur des cartes est ainsi établie : l'as vaut 11 points, mais comme brisque il ne compte que 10; le dix vaut 10; le roi, 4; la dame, 3; le valet, 2 points.

Telles sont les seules modifications à apporter aux règles du besy en *quinze cents* pour en faire le besy en *cinq cents*, lequel fut évidemment le besy primitif, mais est aujourd'hui fort délaissé.

On peut encore jouer cette variété du besy à trois personnes, en ajoutant au jeu de trente-deux cartes les six (ce qui fait trente-six cartes, chiffre divisible par trois). Dans ce cas, on ne donne que cinq cartes à chaque joueur.

L'IMPÉRIALE

L'impériale se joue à deux personnes, avec un jeu de trente-deux cartes.

La donne tirée au sort, le donneur distribue, par deux, trois, ou quatre même, s'il le préfère, douze cartes à son adversaire et autant à lui-même. Puis il retourne sur le talon la vingt-cinquième carte qui indique l'atout ou *triomphe*.

Le roi, la dame, le valet, l'as et le sept de triomphe sont appelés *honneurs*. Lorsqu'un ou deux de ces honneurs se trouvent dans une levée, ils valent chacun un point au joueur qui fait cette levée. Par exemple, un honneur inférieur levé par un supérieur fait marquer deux points au possesseur de ce dernier.

Le donneur marque un point lorsqu'il retourne un honneur, — comme à l'*écarté*, lorsqu'il retourne un roi.

Une *impériale* est la réunion de quatre rois, quatre dames, quatre valets, quatre as ou quatre sept dans un jeu. On appelle encore *impériale* les quatrièmes majeures, soit la réunion du roi, de la dame, du valet et de l'as d'une même couleur.

Impériale de retourne se dit de celle qui serait incomplète, si la retourne n'était venue lui apporter la carte qui lui manquait ; et *impériale de rencontre*, de celle qu'on peut compléter seulement par les levées que l'on fait. Ces deux dernières sortes d'impériales, qui ne peuvent avoir lieu que dans la couleur de l'atout, ne sont d'ailleurs pas admises partout.

Il y a enfin l'impériale de cartes blanches ou *impériale blanche*, — soit un jeu composé de douze cartes blanches, c'est-à-dire dépourvu de figures.

L'impériale d'atout et l'impériale de cartes blanches comptent généralement double. Cette dernière prime toutes les autres.

Les points se marquent avec des jetons, les impériales avec des fiches. Celui qui réunit, le premier, six jetons marque une impériale, et son adversaire efface ses points, c'est-à-dire fait disparaître ses jetons.

Nous disions tout à l'heure que l'impériale blanche prime toutes les autres ; d'autre part elle ne force pas l'adversaire à démarquer ; si celui-ci a des impériales, il les compte, mais sans pouvoir non plus contraindre le possesseur de l'impériale de cartes blanches à se débarrasser de ses jetons ou à effacer ses points acquis. Le coup ne se joue pas, et la main passe.

Les cartes distribuées et examinées, le premier joueur annonce son point, comme dans le piquet ; et, comme au piquet également, son adversaire le déclare bon, insuffisant ou *payé*. Si le point est payé, c'est-à-dire s'il représente un chiffre de points égal au profit de l'un et de l'autre adversaire, le premier en cartes, marque le point, qui, autrement, est marqué par le chiffre le plus haut.

Dans le décompte du point, l'as compte pour 11, quoique dans le jeu il ne vienne, comme importance, qu'après le valet.

Le point accusé et admis est montré. Il en est de même des impériales qui sont annoncées aussitôt après. Après quoi, le premier en cartes commence le jeu, en jetant une carte quelconque sur laquelle l'adversaire doit fournir, forcer ou couper avec de l'atout, à moins que l'un ou l'autre lui soit impossible, ce qui est le seul cas où il lui sera permis de renoncer.

La partie se compose d'un certain nombre d'impériales convenu d'avance et représenté par des fiches. Nous avons dit qu'il fallait arriver premier à 6 points pour remplacer ses pions par une fiche; indiqué les impériales et les impériales doubles, etc. Il nous reste à dire un mot du décompte final des points obtenus de part et d'autre dans un coup.

Les douze cartes de chaque adversaire jouées les unes contre les autres, on compte les levées faites. Le joueur qui en a fait plus de six, c'est-à-dire au delà de la moitié, marque 1 point par chaque levée dépassant ce chiffre; s'il a fait les douze levées, en d'autres termes, s'il a fait *capot* son adversaire, il marque deux impériales. Si enfin chacun a fait sa part de levées et que les cartes, comme on dit, soient égales, comme au piquet encore, personne ne marque rien de ce chef.

L'impériale est d'ailleurs, en quelque sorte, le piquet modifié par l'écarté, — ou plutôt par la triomphe, modification de l'écarté.

RÈGLES DE L'IMPÉRIALE

On peut annoncer et montrer les impériales qu'on a dans un jeu, avant ou après le point indifféremment. Mais, la première carte jouée, il n'y a plus à y revenir.

S'il y a toutefois une galerie intéressée, c'est-à-dire des parieurs, ceux-ci ont le droit de prévenir leur partner de l'erreur qu'il va commettre.

De même si un joueur, ayant annoncé un point, s'aperçoit qu'il en possède un plus fort, c'est tant pis pour lui, il ne peut plus y revenir.

Le premier en jeu ne peut reprendre la carte qu'il vient de jeter pour la remplacer par une autre; mais, d'un autre côté, son adversaire ne peut non plus reprendre la carte dont il a couvert celle du premier, à moins toutefois qu'il ait renoncé ou sous-forcé, pouvant faire autrement; mais s'il a jeté une carte marquante plus faible que celle du premier joueur, ce qui produira deux points à celui-ci, et qu'il s'aperçoive qu'il eût pu jeter un huit, un neuf ou un dix, cartes non marquantes, il ne peut plus y revenir.

Lorsqu'on a joué sans interruption plusieurs cartes de même couleur, et qu'on en change, il faut prévenir à haute voix son adversaire, autrement celui-ci aurait le droit de reprendre la carte qu'il aurait d'abord fournie.

On peut donner les cartes, comme nous l'avons dit, par deux, trois ou quatre. Mais la donne doit toujours être continuée, comme elle a commencé, — à moins d'entente préalable entre les deux joueurs.

Nous omettons volontairement, par respect pour nos lecteurs, les règles visant les manœuvres indélicates, telles que celles qui consistent à interroger furtivement les cartes du talon, etc.

Nous devons dire toutefois que lorsque, les vingt-quatre cartes distribuées, le donneur, par précipitation ou autrement, retourne plusieurs cartes à la fois, présentant en conséquence comme atout la couleur de la vingt-sixième ou de la vingt-septième, au lieu de celle de la vingt-cinquième, c'est à son adversaire à décider, son jeu examiné, si le coup sera maintenu, ou s'il faudra refaire.

LE WHIST

Le mot anglais *whist* répond exactement à l'interjection française *chut! silence!* Il est donc presque inutile d'ajouter que le whist est un jeu qui réclame, avec la plus grande attention, le silence le plus complet. Il y est interdit, non-seulement de parler, mais encore de faire le moindre signe susceptible de guider son partner, de lui apprendre le jeu qu'on a en mains.

Le whist ordinaire, ou en dix points, se joue à quatre personnes, divisées en deux associations (*partnerships*), avec un jeu complet, c'est-à-dire composé de cinquante-deux cartes, dont l'ordre de valeur est celui-ci : as, roi, dame, valet, dix, neuf, huit, sept, six, cinq, quatre, trois et deux.

Les cartes étalées en arc de cercle, la face contre le tapis, chacun des joueurs en prend une au hasard ; ceux qui ont les deux plus hautes sont partners ou associés, contre les deux autres à qui sont échues nécessairement les deux plus basses. — Dans cette occasion, il est à remarquer que l'as est la carte la plus basse et ne compte que pour *un*.

La donne appartient au joueur qui a tiré la carte la plus

basse; c'est lui qui choisit sa place; à sa droite et à sa gauche se placent ses deux adversaires, et en face de lui son partner.

Le prix de la fiche, le nombre des *fiches de consolation* à payer après chaque *robre*, la manière de marquer sont des questions à vider avant de commencer à jouer.

Nous avons fait robre du mot anglais *rubber* qui signifie, dans ce sens, le gain de deux parties sur trois (et non de *robber*, voleur, qui est l'étymologie adoptée par quelques écrivains un peu hardis). Quand nous disons « gagner un robre », il est donc clair que nous voulons dire gagner deux jeux sur trois dans une partie liée.

Le donneur ayant battu les cartes présente le paquet à son voisin de droite pour couper; mais, avant de le faire, celui-ci a le droit de les battre à nouveau. En fait, chaque joueur — du moins en Angleterre — a le droit de battre les cartes s'il lui plaît; mais dans la pratique, le premier en cartes et non celui qui coupe use seul de ce droit, et encore pas toujours. En supposant qu'il en ait usé, le donneur les rebat après lui et les présente à couper définitivement.

Alors le donneur distribue, *une à une*, en commençant par la gauche, treize cartes à chacun des joueurs. Avant de s'adjuger à lui-même une treizième carte, la dernière du jeu, il la retourne, pour indiquer l'*atout*, et la laisse en évidence à sa gauche, jusqu'à ce que le jeu ait fait le tour de la société, c'est-à-dire jusqu'à ce que son tour de jouer soit venu. A ce moment, il la place dans son jeu, et dès lors on n'a plus le droit de s'informer de ce qu'était cette carte, mais seulement de quelle couleur est l'atout.

Dans beaucoup de maisons, on se sert alternativement de deux jeux de cartes. En pareil cas, le partner de celui qui donne a pour mission de rassembler les cartes qui ont servi au coup précédent; il les arrange en paquet pendant la distribution du coup actuel, et les place à la gauche de son voisin de droite à qui la main reviendra tout à l'heure. Il faut que l'opération soit terminée avant que la retourne soit connue; autrement, la règle veut que la main passe immédiatement, comme s'il y avait faute de la part du donneur.

La retourne vue, on n'est plus admis à présenter des observations sur la donne, qui est dès lors considérée comme bonne. En somme, à partir de ce moment, le plus grand silence doit régner parmi les joueurs.

On ne doit pas toucher à ses cartes avant le moment solennel où la dernière carte est retournée. Alors seulement chacun s'empare de son jeu, assemble ses cartes par couleurs et les compte.

Le premier en cartes, c'est-à-dire le voisin de gauche du donneur, ouvre le jeu en jetant une carte sur le tapis; les autres joueurs jettent à leur tour une carte, et la plus forte fait la levée. Celui qui fait cette levée devient alors premier en cartes.

On ne doit pas renoncer, c'est-à-dire ne point fournir à la couleur demandée, lorsqu'on le peut ; mais on n'est pas non plus obligé de *forcer* ; en d'autres termes, on est autorisé à couvrir la carte jouée d'une carte plus faible, de même couleur, encore qu'on en possède de plus fortes.

De même, lorsqu'on n'a pas la couleur demandée, on n'est pas obligé de couper avec de l'atout ; mais on peut répondre par une carte quelconque.

Les chances du jeu de whist se résument dans les *honneurs* et les *levées*.

Les « honneurs » sont l'as, le roi, la dame et le valet d'atout. Lorsque deux associés les possèdent tous quatre, ils marquent 4 points; s'ils n'en possèdent, à eux deux, que trois, ils comptent 2 points. Si chaque association en possède deux, on dit que les honneurs sont égaux et personne ne marque rien.

Nous n'avons pas besoin d'expliquer ce que sont les levées. Chaque association est *tenue* d'en faire six. Toute levée au-dessus de six rapporte 1 point à l'association qui l'a faite. On appelle ces levées *tricks*, et il est d'usage de dire que l'on a deux, trois ou quatre « de tricks ». Ce mot anglais de *trick* a chez nous une valeur toute conventionnelle ; il signifie tout bonnement *levée;* et nos voisins d'Outre-Manche, qui jouent le whist en 10 points, exactement comme nous, se bornent à marquer leurs *tricks* sans les décorer d'épithètes spéciales.

On voit qu'il peut arriver de faire ses 10 points d'un seul coup, soit par exemple en marquant 4 d'honneurs et 6 ou 7 points de levées supplémentaires ou tricks, — puisque tricks il y a.

Ces tricks toutefois se marquent avant les honneurs, qu'on ne déclare d'ailleurs qu'une fois le coup joué. Il suit de là que ceux qui, avec des honneurs, dépasseraient le chiffre de

10 points requis, mais ne l'atteindraient pas sans eux, perdraient contre des adversaires arrivant tout juste à 10 points avec leurs levées.

Lorsque deux partners, à eux deux, font les treize levées, on dit qu'ils ont fait *slam* (nous disons plus communément *chelem*, j'ignore pourquoi). Le slam se paie à part, ordinairement six fiches, et la partie continue.

Si, dans le temps qu'une association a fait 6 points, la partie adverse n'en a pu marquer 5, la première a gagné partie double ; si cette même association a fait ses 10 points avant que l'autre ait rien marqué du tout, elle a gagné triple.

Le robre, nous l'avons dit, est le gain de deux parties sur trois, ou de deux parties consécutives dans un whist en partie liée, la troisième partie, ou *belle*, étant devenue superflue.

MANIÈRE DE COMPTER LES POINTS

Pour marquer ses points, chaque joueur ne possède que quatre jetons, lesquels, suivant la manière dont ils sont placés, indiquent un chiffre différent.

Comme il n'y a pas de loi rigoureuse imposant une manière spéciale de placer ses jetons, ni même l'usage des jetons, beaucoup de joueurs se servent fort bien des marques du piquet, dont ils n'emploient que les unités et le cinq, ce qui leur donne les 9 points dont ils ont besoin. D'autre part, la disposition des jetons, pour ceux qui en font usage, est réglée assez arbitrairement, quoiqu'il soit rare que, dans une réunion de quatre joueurs, ayant les mêmes habitudes et les mêmes fréquentations, on diffère sur la manière de marquer.

En tout cas, et la marque au moyen de jetons une fois admise, le petit tableau suivant, figurant leurs dispositions les plus ordinaires avec l'indication de leur valeur dans chacune, édifiera sans doute le lecteur beaucoup mieux que l'explication la moins embrouillée :

```
1 — 2 — 3 — 4 — 5 — 6 — 7 — 8 — 9
0   0 0  000    0   0 0   0'  000  0 0   0
               0 0  0   000    0   0 0   0
                                          0
```

RÈGLES ET PÉNALITÉS

Couper moins de trois cartes n'est pas couper. En d'autres termes, le joueur qui coupe doit lever ou laisser sur le tapis plus de trois cartes en coupant. S'il y a manqué à la première tentative, il devra recommencer.

S'il y a mal-donne, — soit que quelque joueur ait reçu plus ou moins de cartes qu'il ne lui en revenait, qu'il y ait des cartes retournées dans le jeu, que la distribution ait été faite avant que les cartes aient été coupées, etc., — la main passe.

La main ne passe pas, si la mal-donne est due à cette circonstance que, par une cause ou par une autre, le jeu était incomplet lorsque la donne a été entreprise. Elle ne passe *plus* si l'un des adversaires a relevé ses cartes avant la retourne de l'atout.

Le donneur ne peut plus toucher les cartes dès qu'elles ont quitté sa main; mais s'il craint qu'il y ait mal-donne, il a le droit de compter celles qui lui restent. Il a également le droit de prier les autres joueurs de compter les cartes qu'ils ont reçues; mais ses adversaires ont, de leur côté, le droit de lui refuser cette satisfaction.

Un partner ne peut faire pour l'autre, sans l'assentiment des adversaires.

On ne doit pas faire avant son tour; mais celui qui commet cette faute n'est soumis à aucune pénalité : ses adversaires ne peuvent que s'y opposer, et encore ne peuvent-ils le faire que tant que la retourne n'est pas vue. S'ils ne l'ont pas fait à ce moment, le fait accompli est accepté, et le tour continue.

Toute carte jouée avant son tour peut être maintenue par la partie adverse, s'il lui paraît avantageux de le faire ; autrement, elle peut exiger que cette carte reste exposée à la vue pour être jouée à commandement.

Une carte d'atout jouée par erreur peut être reprise tant que la levée n'est pas faite, — à la condition qu'elle n'ait pas été couverte par la carte du joueur suivant, auquel cas elles devraient être maintenues toutes deux.

La renonce est punie par la perte de 3 points, qu'est obligée de démarquer l'association chez laquelle la faute a été commise, ou que l'autre marque. Si toutefois l'erreur est reconnue à temps par celui qui l'a faite, chacun reprend sa carte, et celle qui constitue la renonce reste sur le tapis pour être appelée au commandement — de même que celle du partner du coupable, s'il a joué.

La renonce ne peut être déclarée qu'autant que la levée est faite, ou que le partner du joueur coupable a joué à son tour.

On ne peut plus dénoncer utilement une renonce, lorsque les cartes ont été coupées pour le coup suivant.

Les points acquis d'une renonce ne font pas gagner ; pour que ces points profitent réellement, il faut qu'il y ait au moins un coup de joué après. Ainsi les adversaires du parti qui a renoncé, ayant 9 points marqués et les 3 points que la renonce les autorise à y ajouter, ne gagnent pas, bien qu'ils aient 12 points en réalité.

Le silence étant de règle au whist, toute manifestation tendant à troubler le jeu est sévèrement interdite, et en divers cas punie d'amende.

Le joueur qui, essayerait, soit par paroles ou par signes, d'instruire son partner de ce qu'il a dans la main ou de ce que celui-ci devrait jouer, est passible d'une amende de quatre points et de l'étalage de son jeu sur le tapis.

On a pourtant le droit, si l'on s'aperçoit que son partner renonce, de lui demander s'il ne fait pas erreur ; en un mot, d'attirer son attention sur la faute qu'il va commettre.

L'approbation ou la désapprobation du jeu d'un partner est interdite.

Au moment où la levée vient d'être ramassée, tout joueur a le droit de regarder les cartes dont elle se compose, ainsi que celles de la levée précédente ; mais dès que le coup suivant est commencé, on ne peut plus consulter qu'une levée, la dernière.

L'erreur en plus dans la marque des points d'une association n'est punissable que lorsqu'elle existe chez les deux partners ; dans ce cas, la partie adverse a le droit de les faire déduire et de les porter à son propre compte. Mais si la marque d'un seul des associés est fautive, on se borne à la rectifier sur celle de l'autre ; parce que, dans ce cas, outre qu'il serait peu juste de faire supporter à l'un des partners l'erreur du second, la bonne foi est hors de doute.

On doit jouer ses cartes une à une, et non abattre tout d'un coup celles qui restent en mains, quand le coup est près de son terme. Dans ce cas, les adversaires peuvent faire abattre les autres jeux et jouer à découvert..

TACTIQUE DU JEU

L'important, dans le jeu de whist, c'est de jouer de telle sorte que votre partner devine, à celles que vous jouez, les cartes que vous avez dans la main ; c'est en un mot de ne faire qu'un avec lui, qu'un jeu du vôtre et du sien, — et cela sans une parole, un geste, un signe, mais simplement par votre manière de jouer qui doit lui fournir de sûrs moyens d'induction.

De même, il faut vous attacher à deviner, autant que faire se peut, le jeu de votre partner et l'aider autant qu'il pourra le faire lui-même pour vous, si vous le mettez en situation de bien vous comprendre.

Se rappeler donc que le succès des cartes que l'on a en mains n'a aucune importance ; qu'elles ne peuvent être fortes que combinées avec celles de son partner et qu'isolées elles demeureront faibles en tout état de cause.

Si l'on possède des cartes élevées, il faut faire en sorte de ne les jouer qu'autant qu'elles peuvent assurer une levée, soit que tous les joueurs aient encore de la couleur qu'elles représentent, soit que, tous les atouts étant tombés, il n'y ait plus à craindre qu'elles soient coupées.

Commencer, dès qu'on se trouve, de droit ou incidemment, premier en cartes, par jouer de la couleur dont on a le plus en mains. Si dans cette couleur on possède une séquence élevée : roi, dame et valet, ou dame, valet et dix, il faut commencer par la plus haute, afin d'affranchir les autres en faisant tomber les supérieures, ou encore les atouts ; si votre séquence est composée de basses cartes : en atout, il convient de jouer également la plus haute, afin d'affranchir son point ou celui de son partner ; dans les autres cartes, il est plus prudent de commencer par la plus basse.

Si la séquence de basses cartes est nombreuse, c'est une raison de plus de jeter d'abord la plus basse ; et c'est au partner à faciliter les moyens de rentrer dans cette couleur, les cartes supérieures affranchies, c'est-à-dire les cartes de même couleur tombées des mains des adversaires.

Quand, au lieu de rentrer dans la couleur indiquée, le partner du premier joueur joue une carte d'une couleur différente, ce sera pour indiquer à celui-ci que là est son propre jeu. S'il est fort en atout, après avoir ainsi averti de son point, il peut s'appliquer à faire tomber les atouts des adversaires et fournir ensuite l'occasion de rentrer dans le point qui lui a été indiqué.

Naturellement, si c'est le premier joueur qui est fort en atout, il pourra de son côté épuiser la partie adverse avant de fournir à son associé le moyen de rentrer dans son point.

Lorsqu'on n'a pas de la couleur demandée et qu'on ne juge pas utile de couper, comme on n'y est pas forcé, on se *défausse*, c'est-à-dire qu'on se débarrasse de ses cartes fausses ou insignifiantes et isolées.

Maintenant, lorsqu'un adversaire se défausse ainsi, il est important d'étudier son jeu et de se bien rappeler, à l'occasion, quelles cartes il a jetées, parce qu'évidemment c'est dans la couleur de ces cartes qu'il est le plus faible.

Il faut prendre garde aussi, en se défaussant, de jeter quelque carte qui, pour si insignifiante qu'elle soit, peut fournir l'occasion de rentrer dans le jeu du partner.

Lorsque, étant dernier à jouer, vous vous apercevez que le troisième joueur ne peut mettre une forte carte sur celle qu'a jouée votre associé, et que vous n'ayez pas vous-même beau jeu, retournez dans la même couleur, afin de garder la levée à votre partner.

Lorsqu'on n'a de séquences ni fortes ni nombreuses, il faut jouer une carte insignifiante, c'est-à-dire moyenne, mais ni une forte ni une basse carte, parce que le partner pourrait croire à une invite, ce qui compromettrait inévitablement le succès.

Nous pourrions multiplier presque à l'infini ces petits conseils aux apprentis joueurs de whist, sans parvenir à autre chose qu'à les mettre à même de bien comprendre, mais non de jouer parfaitement ce jeu compliqué et certainement difficile, qui exige avant tout une pratique sérieuse; beaucoup d'intelligence et de finesse et surtout de mémoire ; enfin, le sang-froid d'un criminel endurci et l'œil d'un grand capitaine.

Non-seulement il faut observer, avec un soin constant, le jeu de son partner, avec lequel il faut absolument s'entendre, mais il ne faut pas perdre de vue un seul instant celui des adversaires.

Dans le whist, en effet, toutes les cartes étant en action, il faut que l'esprit soit toujours en combinaisons, afin de savoir combien de cartes de telle couleur ont été jouées, combien il en reste de telle autre ; en quelles mains sont celles qui restent, qui a joué celles qui sont tombées, etc., etc. On voit quel rôle important joue ici la mémoire.

Quand on est premier en cartes, comme nous l'avons dit, il importe d'aborder le jeu avec sa meilleure couleur ; mais, deuxième, c'est sa plus basse carte que l'on jouera sur celle de son adversaire ; le troisième, partner du premier, si celui-ci a invité d'une petite, doit jouer de sa plus forte carte ; enfin le quatrième doit faire la levée, s'il le peut.

Le troisième joueur doit éviter de couper, à moins d'avoir deux ou trois atouts insignifiants ; et, en général, laisser plutôt la main que couper mal à propos.

Profiter d'une renonce pour se débarrasser d'une carte inutile.

Conserver un atout supérieur aussi longtemps qu'on le peut sans danger.

Jouer avec calme et ne jamais abattre son jeu par vivacité ; mais jeter ses cartes une à une, quelle que soit la probabilité. Le jeu réserve quelquefois des surprises inattendues dont un tel procédé ferait perdre inévitablement tout le bénéfice.

Enfin, jouez franchement et gardez votre sang-froid. (*Play the game fairly and keep your temper*).

VOCABULAIRE DES EXPRESSIONS TECHNIQUES EMPLOYÉES AU WHIST

Affranchir. — Se dit de l'opération qui consiste à faire tomber des mains de la partie adverse les cartes supérieures d'une couleur dont on possède plusieurs cartes ; ces cartes supérieures tombées, votre jeu est *affranchi*, c'est-à-dire vous y êtes maître désormais. — Cette expression est en usage également pour d'autres jeux, notamment pour le piquet.

Carte fausse. — Carte inutile, dont on se défait à la première occasion, quand une renonce se présente, par exemple.

Carte-roi. — La plus haute carte, quelle qu'elle soit d'ailleurs par elle-même, d'un jeu en mains.

Carte équivoque. — Se dit des cartes moyennes : le dix et le neuf qu'on emploie parfois comme invite et d'autres fois autrement, parce qu'une carte plus haute ou plus basse serait un invite trop éloquente.

Contre-invite. — Invite rendue par le quatrième joueur au troisième.

Chelem (slam). — Les treize levées faites par la même main.

Défausser (se). — Se défaire de ses fausses cartes.

Devoir. — Faire six levées sur treize, c'est pour une association *faire le devoir.*

Enfilade. — Une partie en enfilade est une partie sur laquelle on reporte les points excédants de la partie qui a précédé.

Fiches de consolation. — Fiches attribuées, suivant convention préalable, au gain d'un robre.

Flux. — Un joueur est à flux quand il n'a plus de cartes que d'une couleur.

Forcer. — Terme commun à plusieurs jeux, et qui signifie fournir une carte plus forte que la plus forte de celles jouées précédemment dans le même coup. On dit aussi forcer, jouer d'une couleur dont les adversaires manquent pour les *forcer* à couper.

Impasse. — On fait une impasse lorsque, pour ne pas affranchir la carte supérieure de l'adversaire de droite, on force d'une carte basse. Si, par exemple, votre adversaire joue une carte basse d'une couleur dans laquelle vous possédez le roi et le valet, vous prenez du valet et non du roi, parce que, de la sorte, vous aurez fait une *impasse à la dame* et resterez maître sur elle.

Invite. — Carte qui engage la partie, ou bien par laquelle on cherche à faire pressentir à son partner la composition de son propre jeu.

Jeu en dessous. — Faire la contre-invite par une basse carte en conservant la carte-roi.

Long atout. — Le dernier atout en mains, les autres étant tombés.

Navette. — Deux joueurs jetant chacun une couleur différente, dont il sait que son adversaire n'a pas, pour le forcer à couper, font la navette.

Puits. — Lorsqu'un parti n'a plus qu'un point à faire pour gagner, on dit qu'il est *dans le puits*, parce qu'il ne peut plus gagner par les honneurs, qui lui deviennent inutiles.

Robre. (rubber). — Gain de deux parties sur trois. On dit

« faire un robre », lorsqu'on fait un whist en trois parties liées : première et seconde *manche* et la *belle*. Lorsqu'on gagne les deux premières manches, la belle étant désormais inutile, le robre est gagné.

Seconde meilleure. — Se dit de la carte la meilleure après la première encore au jeu.

Singleton (de *single*, isolé). — Carte seule de sa couleur égarée parmi les treize d'un jeu.

Tenaces ou *intermittentes.* — Cartes de la même couleur entre lesquelles la carte nécessaire pour former une séquence fait défaut : l'as et la dame, le roi et le valet, sont des cartes tenaces ou intermittentes, parce qu'entre les deux premières il y a la place vide du roi, et celle de la dame dans les deux autres.

Trick (levée). — Se dit de toute levée faite au delà du *devoir*, c'est-à-dire des six levées considérées comme *devant* être faites par chaque association.

VARIÉTÉS DU WHIST

C'est seulement quant au nombre de points à faire pour gagner une partie que le whist varie ; et naturellement cette variation entraîne nécessairement quelques modifications dans la manière de compter les points.

Nous avons donné les indications relatives au whist en dix points, qui est le whist ordinaire ; mais on le joue encore en sept, six, cinq et quatre points.

En sept points, chaque levée et chaque honneur ne compte qu'un point, et les honneurs sont marqués par chaque association.

En six points. — Comme dans le cas précédent, chaque levée ne compte qu'un point ; quatre honneurs marquent quatre points, trois honneurs, deux points ; au-dessous de trois, les honneurs ne comptent rien.

Le whist en cinq points ou *short whist* (whist raccourci) est la plus répandue de ces subdivisions du jeu fondamental. C'est, comme le dit son nom, le whist en 10 points raccourci de moitié ; il n'a pas d'autres règles que le whist en 10 points, si ce n'est que chaque levée ne peut compter qu'un point, et que les honneurs peuvent être appelés à tout endroit du jeu.

— Dans quelques sociétés, on ne compte pas du tout les honneurs.

Dans toutes ces variétés du whist, comme dans le whist en dix points, les honneurs ne comptent plus, dès qu'il ne manque plus qu'un point pour gagner la partie.

Le parti dans cette situation se trouve *dans le puits.*

LE WHIST A TROIS, OU LE MORT

Dans le whist à trois avec un *mort*, les règles du whist ordinaire sont entièrement respectées, excepté en un point que nous indiquerons tout à l'heure.

Le mort, c'est le joueur absent; on lui distribue ses treize cartes comme aux autres joueurs, et c'est son partner, généralement désigné par le sort, qui conduit son jeu en même temps que le sien. On donne à ce dernier le nom de *défendeur* et à ses deux adversaires celui d'*assaillants.*

Les cartes ayant été distribuées, comme pour le jeu à quatre personnes, le partner du mort relève les cartes de celui-ci et les range à découvert sur le tapis, à la place que devrait occuper le joueur absent, c'est-à-dire en face de lui. Cela fait, la partie s'engage.

On voit, sans qu'il soit besoin d'y insister, quelles modifications entraîne dans le conduite du jeu cette exception aux règles du whist, en vertu de laquelle un jeu tout entier est à découvert. Si le défendeur jouant, en réalité sans partner, avec vingt-six cartes, peut agir sans l'hésitation inhérente à l'existence d'un associé, il est clair que ses adversaires ont, de leur côté, l'avantage de n'avoir qu'un jeu à tâter, ou, pour mieux dire, connaissent la moitié du jeu de leur adversaire, qui aura ainsi la plus grande difficulté à les voir venir.

Celui qui fait le jeu du mort jouit toutefois de quelques immunités spéciales, qu'il est bon d'indiquer.

Ainsi, lorsque celui qui fait le jeu du mort renonce à tort, de son propre jeu, il est passible des pénalités édictées en pareil cas; mais, du jeu du mort, il n'encourt aucune punition. Ses adversaires n'ont d'autre recours contre lui que d'empêcher l'erreur de s'accomplir, et ils ont le droit de le faire tant que la levée n'est pas retournée.

Ils peuvent également, si le joueur qui fait le mort joue de sa propre main, au lieu de celle du mort, faire rectifier le coup ou le maintenir, à leur choix. Mais ils ne peuvent plus élever de réclamation dès que la carte est couverte.

Les cartes jouées à tort ou montrées par celui qui fait le mort, qu'elles appartiennent à son propre jeu ou à celui du mort, ne peuvent être appelées.

Enfin, en thèse générale, les fautes du mort n'entraînent que la remise.

Quand il perd, naturellement, le partner du mort a deux créanciers auxquels il paye; et il reçoit de ses deux adversaires quand il gagne.

LE WHIST A DEUX OU LE DOUBLE-MORT
(*Double-dumby*)

Les Anglais jouent encore assez fréquemment le whist, en 10 points à deux personnes, avec deux morts.

Dans ce jeu, chaque honneur compte 1 point; chaque levée au-dessus de six, comme dans le whist à quatre personnes, compte également 1 point.

Enfin, les chances étant égalisées entre les deux joueurs, les règles et pénalités du whist fondamental sont plus rigoureusement observées que dans le whist à trois ou mort unique.

LE BOSTON

Le boston n'est pas sans quelque rapport avec le whist.

On le joue à quatre personnes, avec un jeu de cinquante-deux cartes, dont la carte la plus importante dans chaque couleur est l'as. Viennent ensuite le roi, la dame, le valet, le dix, etc.

Les places sont tirées au sort, l'avantage du choix étant réservé à celui qui a tiré la carte la plus élevée; les autres suivent par rang de valeur de la carte tirée.

La donne, étant un désavantage, est attribuée à celui qui a tiré la plus basse carte.

Avant de procéder à la distribution des cartes, le donneur commence par recueillir les enjeux, généralement dans une petite corbeille, qu'il place ensuite à sa droite. Cela fait, il distribue les cartes par trois ou par quatre à son gré, en termi-

nant toutefois par une tournée d'une seule carte, s'il a choisi
le mode de distribution par trois, — autrement il n'arriverait
pas à se débarrasser de ses cinquante-deux cartes.

La cinquante-deuxième carte est retournée et laissée en
évidence, sur la table, jusqu'à ce que la première levée soit
faite, indiquant l'atout; la première levée faite, le donneur
reprend cette carte et la mêle à son jeu.

Outre les treize atouts dont la couleur a été indiquée par la
retourne, et quelle que soit cette couleur, le valet de carreau,
ou *boston*, est l'atout principal, la plus forte carte de tout le
jeu. Si la couleur de l'atout, cependant, est précisément le
carreau, la qualité de *boston* passe à une autre carte, à un
valet d'une autre couleur, généralement au valet de cœur.

Les cartes ont une valeur différente suivant la couleur
qu'elles représentent. L'ordre de valeur est celui-ci : cœur,
carreau, trèfle, pique.

Tous les joueurs ayant ramassé leurs cartes, le premier en
cartes, qui est ici celui placé à la droite du donneur, prend
la parole, après avoir examiné son jeu, bien entendu. S'il
s'estime assez fort pour entamer la partie, il dit : *Je demande*,
en indiquant la couleur dans laquelle il entend jouer; sinon,
il dit : *Je passe*, — et passe, en effet, la parole à son voisin de
droite qui, à son tour, ou *passe*, ou *soutient* la demande du
premier, ou fait pour son propre compte une *demande* supérieure, et ainsi de suite jusqu'au quatrième joueur.

Si, les trois premiers joueurs ayant passé, le quatrième
demande, la parole revient au premier, non pour demander,
mais pour soutenir la demande qui vient d'être faite. Il en
serait de même si, au lieu du quatrième, c'était le second ou
le troisième joueur qui ait fait la demande, et qu'aucun
soutien ne se soit déclaré avant le retour de parole au premier en cartes.

Dans le cas où personne ne déclare soutenir le joueur qui
a demandé, celui-ci est forcé de jouer seul contre les trois
autres, — le soutien étant en réalité, mais seulement pour le
coup actuel, un véritable partner dont l'association ostensible
avec le demandeur entraîne de fait l'association des deux
autres joueurs.

Lorsque la *demande simple*, faite par celui qui a le premier
la parole, est repoussée par une demande plus élevée, celui-ci
toutefois peut renchérir encore.

TERMES TECHNIQUES EMPLOYÉS DANS LE BOSTON

La *demande simple* oblige celui qui l'a faite à faire cinq levées. Ainsi, quand un joueur ayant la parole *passe*, c'est qu'il ne juge pas son jeu assez riche pour lui permettre de faire les cinq levées exigées.

La demande immédiatement supérieure à la demande simple s'appelle la *petite indépendance* et oblige à faire six levées, seul.

Vient ensuite la *grande indépendance*, qui oblige à huit levées, seul.

Il y a, en outre, la *misère*, qui oblige au contraire à ne faire aucune levée. Il existe deux sortes de misères : la *petite misère*, ou *misère d'écart*, parce qu'elle ne peut réussir qu'à la condition d'écarter une carte, et la *grande misère*, qui se joue sans écart.

La *petite misère* annule la *petite indépendance* ; elle est annulée à son tour par la *grande indépendance*, à laquelle la *grande misère* est supérieure.

Il y a enfin la *misère des quatre as*, qui prime la précédente.

La petite misère se joue, comme nous l'avons dit, en écartant une carte de son jeu, la seule qui paraisse au joueur susceptible de faire une levée ; les autres joueurs, pour égaliser le nombre de cartes, écartent, à leur tour, une carte de leur jeu. Il s'agit alors, pour celui qui joue la misère, de ne faire aucune levée, sous peine de perdre, et les adversaires font alors tout ce qui est en leur pouvoir pour le forcer à en faire quelqu'une.

La grande misère se joue de la même façon, sauf l'écart qui n'a pas eu lieu.

Il y a une différence dans le jeu de la *misère des quatre as*. Celui qui le joue doit avoir les quatre as dans son jeu, c'est-à-dire quatre cartes évidemment supérieures et devant forcément faire des levées. Mais il peut renoncer aux cartes qu'on lui demande, jusqu'à ce qu'il n'en reste plus que trois dans les mains de chaque joueur, et il faut donc que, dans ses propres mains, ces trois cartes soient d'une extrême faiblesse, c'est-à-dire qu'il se soit débarrassé dans le cours du jeu, pendant qu'il avait le droit de renoncer, de toutes ses cartes élevées;

car évidemment les cartes de ses adversaires seront, elles-mêmes, aussi faibles que possible et très-faciles à prendre.

Misère sur table se dit d'une misère complète dont le demandeur étale ses cartes sur la table, les livrant ainsi à l'examen des autres joueurs.

La perte de la misère entraîne ce qu'on appelle la *bête*, ou remise faite à la corbeille d'une somme égale à celle qui y est déjà, outre le paiement à chacun des adversaires de ce qu'on aurait reçu si l'on avait gagné ; comme le gain d'ailleurs assure le contenu de la corbeille et ce même paiement que le tarif règle.

Il y a *chelem* quand les treize levées sont faites par deux associés, ou par un joueur seul ; ce dernier chelem est naturellement plus important que l'autre.

La partie se joue en un nombre de tours convenus d'avance, généralement huit ou dix.

RÈGLES DU BOSTON

Indépendamment des règles du boston venues au cours de la plume dans notre description des principales phases de ce jeu, certaines lois, tant générales que spéciales, en régissent plus ou moins rigoureusement la pratique.

Par exemple, c'est le donneur qui répond des enjeux contenus dans la corbeille placée à sa droite. Cette responsabilité est quelquefois plus grave qu'elle n'en a l'air, parce que le gain des gagnants qui auraient oublié de l'en retirer, avant que les cartes aient été coupées pour le coup suivant, est désormais acquis à la corbeille et, par conséquent, aux gagnants à venir, ce qui donne quelquefois lieu à des réclamations amères, mais inutiles, de la part des négligents.

Une carte retournée ou vue par la faute du donneur, la main passe ; si le fait s'est produit accidentellement, la main ne passe pas, mais il faut recommencer le coup.

Le joueur qui a porté la parole, soit pour dire *je demande*, soit pour dire *je passe*, ne peut se dédire, se fût-il trompé.

Si les quatre joueurs passent, le coup suivant est double.

Le demandeur et le soutien sont tenus de faire au moins huit levées à eux deux, ainsi que nous l'avons d'ailleurs déjà dit : le premier, cinq ; le second, trois. Dans ce cas, ils gagnent ; s'ils en font moins, ils doivent remettre au panier autant de jetons qu'il y en a, et qu'ils en auraient pris s'ils avaient gagné, et payer aux adversaires ce qu'ils en auraient reçu dans le même cas. Cela s'appelle *faire la bête*.

Celui des associés qui n'a pas son compte de levées, quand l'autre a fait son *devoir*, *fait* seul *la bête;* son associé ne gagne pas, voilà tout.

S'ils n'ont [fait l'un et l'autre que strictement leur devoir, les deux associés se partagent le contenu du panier aux enjeux et reçoivent en outre une simple *consolation*.

S'ils ont fait ensemble plus que les huit levées exigées, ils recevront, outre le contenu de la corbeille, un paiement, pour chaque levée supplémentaire, conforme au tarif ci-après.

Un joueur qui, se croyant sûr de gagner, abat le reste de ses cartes, est tenu de faire toutes les levées ; autrement celles qu'il a faites et celles de son associé lui-même sont attribuées aux adversaires.

On ne peut regarder d'autres cartes jouées que celles de la levée qui vient d'avoir lieu. Aussitôt la levée en cours faite, il n'y a plus que celle-là qui puisse être consultée par les joueurs.

Celui qui a *boston* dans son jeu reçoit de chacun des trois autres joueurs deux fiches, au tour simple, et quatre, au tour double, qu'ils aient passé ou perdu même.

On doit fournir à la couleur demandée, mais on n'est pas tenu de forcer. La renonce est punie, suivant son importance et sa nature, d'une amende que doivent payer quelquefois les deux associés, mais plus souvent un seul, et qui est généralement de vingt fiches. Le coup est alors ou maintenu ou recommencé, au gré des adversaires.

BOSTON DE FONTAINEBLEAU

Le boston de Fontainebleau, que beaucoup de personnes préfèrent au précédent, en diffère sur très-peu de points. En fait, les lois fondamentales du boston ordinaire sont entièrement applicables au boston de Fontainebleau.

D'abord il n'y a pas au boston de Fontainebleau de carte-boston dominant toutes les autres. Outre le gain du coup et le paiement des levées supplémentaires, on y paye aussi les honneurs (as et figures), quatre pour quatre et deux pour trois. Nous savons déjà que deux honneurs ne valent rien.

4

Comme au boston ordinaire, la petite indépendance annule la simple demande.

L'indépendance, à sept levées, enlève la petite misère; à huit levées, elle est supérieure au *piccolo*, qui est une sorte de misère, obligeant celui qui le demande à ne faire qu'une seule levée, — mais à la faire sans écart; de sorte que s'il ne fait point sa levée, il perd tout aussi bien que s'il en faisait deux.

La demande de neuf levées enlève la grande misère; mais elle est inférieure à la misère des quatre as, — laquelle est, à son tour, dominée par la demande de dix levées, etc.

Celui qui joue la petite misère sur table, après avoir retiré une carte de son jeu, abat les autres, et ses adversaires jouent contre lui, leur jeu relevé comme d'habitude. La petite misère est, comme au boston ordinaire, supérieure à la petite indépendance à six levées; sur table, elle est supérieure à la demande de dix levées.

Vient ensuite la demande de onze levées qui enlève la petite indépendance sur table, et qui est, elle-même, enlevée par la misère sans écart, également sur table.

L'indépendance de douze levées, ou « petit boston à deux », enlève la grande misère sans écart.

Vient enfin le boston seul, qui est l'engagement de faire, seul les treize levées, sur lequel l'emporte naturellement la demande de boston sur table, ou engagement de faire les treize levées, cartes sur table, les autres joueurs agissant comme à l'ordinaire, avec leur jeu caché.

Voici d'ailleurs les tarifs des paiements pour chaque coup, dans les deux espèces de bostons, aide-mémoire sans lequel, principalement pour le boston de Fontainebleau, il y aurait bien souvent de quoi se perdre.

Les chiffres inscrits dans ce tableau, en regard de la désignation des coups, indiquent le nombre de fiches attribuées au paiement de ces coups, par importance de couleur; car on se rappelle qu'au boston, outre leur valeur ordinaire, les cartes empruntent une valeur spéciale à la couleur qu'elles représentent, dans cet ordre : cœur, carreau, trèfle, pique.

TARIF DU BOSTON ORDINAIRE

BOSTON ORDINAIRE.	CŒUR.	CARREAU.	TRÈFLE.	PIQUE.
Cinq levées seul ou huit levées à deux (simple demande).	16	12	8	4
Trois honneurs.	12	9	6	3
Quatre honneurs.	16	12	8	4
Chaque levée supplémentaire au devoir.	4	3	2	1
Six levées (petite indépendance). . .	24	18	12	6
Trois honneurs.	16	12	8	4
Quatre honneurs.	24	18	12	6
Chaque levée supplémentaire. . . .	8	6	4	2
Petite misère (misère d'écart). . .	64	48	32	16
Huit levées (grande indépendance)	32	24	16	8
Trois honneurs.	24	18	12	6
Quatre honneurs.	32	24	16	8
Chaque levée supplémentaire. . . .	16	12	8	4
Grande misère et misère des quatre as.	128	96	64	32
Misère sur table.	256	192	128	64
Chelem ou boston à deux.	200	150	100	50
Boston seul.	400	300	200	100
Boston sur table.	800	600	400	200

TARIF DU BOSTON DE FONTAINEBLEAU

BOSTON DE FONTAINEBLEAU.	CŒUR.	CARREAU.	TRÈFLE.	PIQUE.
Cinq levées seul ou huit levées à deux.	16	12	8	4
Trois honneurs.	12	9	6	3
Quatre honneurs.	16	12	8	4
Chaque levée supplémentaire.	4	3	2	1
Chelem ou boston à deux	200	150	100	50
Six levées.	24	18	12	6
Trois honneurs.	16	12	8	4
Quatre honneurs.	24	18	12	6
Chaque levée supplémentaire.	8	6	4	2
Petite misère.	64	48	32	16
Sept levées.	36	27	18	9
Trois honneurs.	24	18	12	6
Quatre honneurs.	36	27	18	9
Chaque levée supplémentaire.	12	9	6	3
Piccolo.	96	72	48	24
Huit levées.	48	36	24	12
Trois honneurs.	32	24	16	8
Quatre honneurs.	48	36	24	12
Chaque levée supplémentaire.	16	12	8	4

BOSTON DE FONTAINEBLEAU	CŒUR.	CARREAU.	TRÉFLE.	PIQUE.
Grande misère.	128	96	64	32
Neuf levées.	60	45	30	15
Trois honneurs.	40	30	20	10
Quatre honneurs.	60	45	30	15
Chaque levée supplémentaire. . . .	20	15	10	5
Misère des quatre as.	160	120	80	40
Dix levées.	72	54	36	18
Trois honneurs.	48	36	24	12
Quatre honneurs.	72	54	36	18
Chaque levée supplémentaire. . . .	24	18	12	6
Petite misère sur table.	192	144	96	48
Onze levées.	84	63	42	21
Trois honneurs.	56	42	28	14
Quatre honneurs.	84	63	42	21
Chaque levée supplémentaire. . . .	28	21	14	7
Grande misère sur table.	224	168	112	56
Douze levées ou petit boston à deux.	96	72	48	24
Trois honneurs.	64	48	32	16
Quatre honneurs.	96	72	48	24
Chaque levée supplémentaire. . . .	32	24	16	8
Boston seul.	400	300	200	100
Boston sur table.	800	600	400	200

LE TRENTE-ET-UN

La marche rapide de ce jeu le rend vraiment fort amusant,
surtout lorsqu'on le joue à un certain nombre de personnes.
Or il admet autant de joueurs que le jeu dont on se sert
permet de distribuer de fois trois cartes, plus trois autres
cartes qui restent sur le tapis. On peut donc jouer le trente-
et-un à un nombre de personnes variant de deux à neuf. —
Ajoutons toutefois qu'à deux personnes le jeu perd beaucoup de son intérêt, les chances se trouvant par trop res-
treintes.

On se sert ordinairement, pour jouer le trente-et-un, d'un
jeu de piquet, dont les cartes ont exactement la même valeur
qu'au piquet.

La donne, étant un avantage, se tire au sort à la plus haute
carte.

Le paquet de cartes battu et coupé, le donneur distribue
à chaque joueur trois cartes, une à une, ayant soin, après
chaque tour d'en jeter une à découvert sur le tapis ; de sorte
que, les joueurs ayant en mains leurs trois cartes, qu'ils
tiennent cachées comme à l'habitude, il s'en trouve sur le
tapis trois autres retournées sous les yeux des joueurs.

Les chances de ce jeu sont : 1° le *trente et un*, c'est-à-dire
la réunion de deux figures, ou d'une figure et d'un dix, ou
de deux dix avec l'as, qui vaut 11, dans une même couleur ;
2° le *brelan*, réunion de trois as, trois rois, etc., jusqu'à trois
sept. — Le valet de trèfle, accompagné de deux autres
cartes d'égale valeur dans une couleur quelconque, et qualifié
dans cette occasion de *misti*, est quelquefois assimilé aux
brelans ; mais c'est affaire de convention et non de règle, à
aucun titre.

En dehors de ces chances, le joueur qui a le plus grand
nombre de points dans son jeu, au moment de compter est
celui qui gagne, — et par contre celui qui en a le moins perd.
Ainsi, n'eût-on que deux cartes de même couleur, on gagnera un adversaire qui n'aura pu réunir deux cartes semblables ou qui, les ayant réunies, ne pourra compter un
nombre de points supérieur — ou égal, cas auquel ni l'un,
ni l'autre ne gagnerait.

Lorsque les trois cartes étalées à découvert représentent trente et un, c'est au profit du donneur.

Le donneur peut également prendre ces cartes en échange des siennes, si elles représentent un point élevé et qu'il juge devoir être bon.

Si un joueur, ses cartes examinées, se trouve avoir trente et un en mains, il l'annonce ; tous les jeux sont alors abattus, et celui qui a le point le plus faible perd — et paie ; s'il y a plusieurs joueurs qui ont ce même point plus faible, il y a plusieurs perdants et voilà tout.

S'il n'y a pas trente et un d'emblée, et que le donneur ne juge pas avantageux de s'emparer des trois cartes du tapis, la parole et l'action appartiennent au premier en cartes.

C'est-à-dire que ce joueur acquiert dès lors le droit ou d'échanger son jeu tout entier contre les trois cartes vues, ou d'échanger une seule de ses cartes contre une des cartes du tapis ou de déclarer qu'il *s'y tient*.

S'il s'y tient, le joueur suivant hérite de ses droits et les exerce comme il l'entend ; si le premier joueur a échangé une de ses cartes contre une de celles du tapis, le joueur suivant n'en conserve pas moins le droit d'en faire autant à son tour, de s'y tenir lui-même, etc., et les autres après lui.

Mais lorsqu'un joueur s'y est tenu, il a perdu tout droit d'échange ultérieur, et par conséquent, le tour des joueurs achevé, le jeu s'arrête et l'on procède au dénombrement des points de chacun.

Il arrive cependant que le jeu se prolonge quelquefois assez longtemps avant que personne se trouve avoir assez beau jeu pour pouvoir s'y tenir. Quiconque est parvenu à faire un brelan, fut-ce un brelan de sept, s'y tient, parce que, bien que les brelans supérieurs l'emportent sur celui-ci, le brelan, étant la plus grande chance après le trente et un, est presque toujours bon, quand même on ne jouerait qu'à trois. — On s'y tient d'ailleurs à beaucoup moins.

Celui qui, dans le cours du jeu, parvient à réunir les trois cartes nécessaires pour faire trente et un, n'a pas à attendre que son tour de jouer revienne ; il annonce le trente et un, et, sur sa déclaration, tous les jeux sont abattus, les points comptés, et le joueur qui en a le moins déclaré perdant.

Le trente-et-un est surtout un jeu de hasard ; cependant, lorsque l'échange de cartes se poursuit pendant quelque temps, un joueur perspicace et dont la mémoire est suffisamment heureuse finit par bien posséder tout le jeu, et alors il s'agit pour lui d'obtenir les cartes, — ou même la carte qu'il sait être dans les mains de quelque adversaire qui, par calcul ou autrement, ne veut pas s'en dessaisir, et lui procurerait un point sortable, sinon le trente et un ou un brelan. Alors la finesse d'esprit trouve suffisamment à s'exercer. Quelques feintes habiles, une invite trompeuse détermineront peut-être le joueur entêté à lâcher sa carte unique, ou insuffisamment accompagnée; et le sort corrigé par l'habileté se déclarera en faveur du joueur patient et clairvoyant.

Chaque joueur, avant de commencer, est pourvu d'un certain nombre de fiches, ordinairement trois. Le premier qui a perdu ses trois fiches se retire, et la partie continue entre les autres, jusqu'à ce qu'il ne reste plus qu'un seul survivant, — tous les autres étant successivement *morts*, — à qui appartient la totalité des enjeux.

On joue encore le trente et un d'une autre manière, ou plutôt on y compte d'une autre manière, sans parler de quelques modifications de détail.

Lorsqu'un joueur annonce le trente-et-un, tous les jeux abattus, les autres joueurs lui payent chacun une fiche; celui qui a le point le plus bas en paye deux; s'il y a deux joueurs dont le point égal est également le moins élevé, ils payent tous deux chacun deux fiches; ceux qui possèdent des brelans ne payent rien; — toutefois, s'il y a plusieurs brelans dans le jeu, beaucoup de joueurs sont dans l'usage de n'en dégrever qu'un, le plus élevé naturellement.

Enfin une méthode existe d'après laquelle les enjeux en dépôt seuls appartiennent au trente et un; le payement de fiches se fait au brelan, s'il existe, et au brelan le plus élevé, s'il y en a plusieurs.

La règle fondamentale du jeu ne souffre pas d'ailleurs, en tout ceci, la moindre variation.

LE LOTO

Les accessoires de ce jeu sont peu nombreux, mais ils le sont déjà plus que ceux du piquet ou du trente-et-un. Ils se composent de vingt-quatre cartons à numéros, d'un sac devant contenir quatre-vingt-dix boules de loto numérotées de 1 à 90, d'un petit sac ou d'une boîte à jetons pour marquer le jeu, d'une petite corbeille où placer les enjeux, enfin d'une élégante tablette à petits enfoncements symétriques, ou mieux d'une vulgaire sébile pour recueillir les boules à mesure qu'elles sont appelées, si elles sont inutiles au joueur qui les appelle.

Les vingt-quatre cartons sont recouverts de papier glacé de couleurs diverses : six d'une couleur, six de l'autre, et ainsi de suite. Sur l'une des deux faces, ces cartons sont divisés en vingt-sept compartiments, neuf dans le sens de leur largeur, trois dans celui de leur hauteur, formant des bandes horizontales alternées de cinq cases portant des numéros imprimés en noir sur fond blanc et de quatre cases vides, de la couleur générale du carton, séparant les premières.

On commence par distribuer à chaque joueur un certain nombre de ces cartons, préalablement mêlés, comme s'il s'agissait d'un gigantesque jeu de cartes. Mais comme le nombre des cartons est limité et que celui des joueurs ne l'est que relativement à celui des cartons, il y a naturellement des cas où chaque joueur ne reçoit qu'un seul carton. Il en est d'autres où l'on peut en distribuer jusqu'à trois par personne, mais on ne dépasse guère ce chiffre, par la raison que les cartons à loto font beaucoup trop d'étalage pour se permettre la fantaisie d'en superposer quatre ou cinq.

Ces préliminaires achevés, les cartons placés l'un au-dessus de l'autre devant chaque joueur, muni en outre d'un nombre convenable de jetons, et les enjeux — sous forme de jetons de couleur différente de celle des jetons à marquer — placés dans la corbeille, un joueur de bonne volonté s'offre pour appeler les numéros, sinon on tire à qui appellera.

Ceci n'a aucune importance; il n'y a ni avantage ni désavantage à appeler au loto; il n'y a que l'embarras de le faire et le risque de se voir interpeller aigrement par le joueur qui prétend ne pas entendre, parce qu'en effet ce sont d'autres numéros que ceux qu'il possède qu'il entend appeler.

Appeler est toutefois une fonction qui plaît à la jeunesse, et très-recherchée principalement du farceur de la société, — quand il s'en trouve un, — lequel abuse de sa position pour traiter les numéros de Turc à More, à la grande joie de la portion gaie de la société : 33, *les deux bossus*, 7, *la pioche*, etc. (Consulter le regretté Paul de Kock.)

A mesure que les numéros lui passent sous les yeux et qu'il les appelle à haute voix, l'*appeleur* marque sur ses cartons les numéros qui s'y trouvent avec les boules de loto elles-mêmes, rejetant celles qui lui sont inutiles, soit dans la tablette creuse, soit dans la sébile dont nous avons déjà parlé. De leur côté, les autres joueurs, les yeux fixés sur leurs cartons, examinent si le numéro appelé n'y est pas, et s'il y est, ils le couvrent avec un jeton.

Un numéro ainsi couvert, sur les cinq de la rangée, s'appelle un *extrait*; on appelle *ambe* deux numéros; *terne*, trois; *quaterne*, quatre numéros; *quine*, les cinq numéros d'une rangée sortis et couverts.

Le premier qui fait un *quine*, généralement, gagne la *poule*, c'est-à-dire le contenu de la corbeille. Les autres joueurs, dans ce cas, démarquent; on renouvelle les enjeux; un autre joueur, le suivant par la gauche de celui qui vient d'appeler, s'empare du sac aux boules et la partie recommence.

Il y a d'assez nombreuses modifications dans la manière de jouer le loto, non pas quant au fond, pourtant, qui reste toujours le même. Ainsi, par exemple, au lieu de s'arrêter au premier quine, il arrive de convenir que le premier qui aura entièrement couvert un carton tout entier, seul, gagnera la poule.

Une autre forme du loto dispose que, un certain nombre de jetons préalablement mis à la poule, les joueurs en prendront deux, trois ou quatre, suivant qu'ils posséderont un ambe, un terne ou un quaterne, et que le reste appartiendra au premier quine. On ne prend dans ce cas que quinze jetons et l'on ne tire que quinze numéros; chaque joueur ne prend pas plus de deux cartons.

Il est assez rare, dans cette variété du loto, de faire le quine; aussi convient-on assez souvent que le quine y annulera les quaternes, ternes, etc., etc., et qu'il emportera seul la poule.

Enfin, dans une autre variété du loto, le joueur qui appelle, converti en banquier, paie à chacun des autres joueurs le nombre de jetons correspondant aux points qu'ils ont, c'est-à-dire cinq jetons pour un quine, quatre pour un quaterne, etc., à la condition que lui-même n'ait pu parvenir à mieux faire; autrement, c'est aux autres joueurs à le payer dans la même proportion.

Ainsi le banquier ne paiera ni terne ni quaterne, s'il a lui-même un quine; s'il n'a qu'un terne, et que parmi ses adversaires il s'en trouve un qui ait un quaterne ou un quine, il paiera celui-ci, mais ceux qui ont moins que lui devront lui payer son terne.

DOMINOS

Le jeu de dominos se compose de vingt-huit dés dont nous croyons inutile de tracer la silhouette et de mesurer les faces, tant ils sont connus de tout le monde. Ces dés, divisés en deux parties, en commençant par le double-blanc pour finir par le double-six, portent, creusés en noir sur leur face blanche, les nombres de 1 à 6, et toutes les combinaisons diverses de ces nombres entre eux, outre le blanc (zéro) et les combinaisons du blanc avec les autres chiffres de 1 à 6 ; il y a enfin les dés doubles : blanc, un, deux, etc., jusqu'à six également.

La pratique du jeu consiste à réunir, bout à bout, un certain nombre de ces dés présentant de chaque côté un nombre de points égal à ceux du côté correspondant du dé qui suit comme de celui qui précède.

DOMINO ORDINAIRE, A DEUX

Le domino se joue le plus ordinairement à deux personnes. Après avoir renversé la boîte à dominos sur la table et retourné tous les dés la face numérotée en dessous, on commence par les mêler et tirer ensuite au sort, au plus haut point, la *pose*, c'est-à-dire le droit de jouer le premier, ce qui est un très-grand avantage.

Celui à qui le droit de poser est échu mêle à nouveau les dés; puis son adversaire en ayant choisi, le premier, sept, il en prend un même nombre à son tour. Les quatorze dés restant forment la réserve, à laquelle on a parfois recours comme on le verra par la suite.

Le joueur à qui le sort a conféré le droit de pose, pose donc, c'est-à-dire choisit un dé dans son jeu et le place sur la table. Ce premier dé est ordinairement un double, et quand le joueur possède le double-six, il n'a garde de laisser passer cette bonne occasion de s'en débarrasser. C'est quelquefois une erreur, parce qu'en tout état de cause il n'est avantageux de poser un domino qu'autant qu'on en a un assez bon nombre de semblables dans son jeu. Mais lorsqu'on joue *aux points* nous reconnaissons qu'il est prudent de se débarrasser le plus tôt possible du double-six.

Quoi qu'il en soit, le premier domino posé, le second joueur en place un autre à côté, dont un des bouts doit représenter le même nombre de points que le bout du dé déjà sur la table auquel il fait suite, ou que les deux bouts du domino double. Par exemple, si le premier joueur a posé le double-six, le second devra poser à la suite le six-blanc ou le six-un ou six-as, etc. Le premier joueur, reprenant alors son tour, posera d'un côté ou de l'autre, suivant qu'il aura des dominos répondant à l'un ou l'autre des deux nombres de points indiqués, ou qu'il lui sera plus avantageux de poser d'un côté que de l'autre.

Le jeu se poursuivant ainsi sans interruption, il est évident que le premier joueur ayant posé son dernier dé, son adversaire en aurait encore un en main; et c'est en quoi le droit de poser est un véritable et sérieux avantage.

Toutefois le fait se produit rarement. Après avoir placé deux ou trois dominos, il arrive très-souvent qu'un des deux joueurs *boude*, c'est-à-dire ne joue pas, faute de dés convenables; alors son adversaire continue jusqu'à ce que les hasards du jeu lui amènent un domino auquel il ait de quoi répondre. Dans ce cas, il reprend le jeu et peut quelquefois faire bouder à son tour son adversaire.

Si les deux joueurs boudent en même temps, on dit que le jeu est fermé; les dominos abattus, on compte les points de chaque joueur, et celui qui en a le plus perd.

Dans ce cas, et suivant conventions préalables, le joueur qui a le plus petit nombre de points gagne purement et simplement, ou bien marque à son profit le nombre de points représenté par les dés de son adversaire.

De même, lorsque l'un des deux joueurs fait *domino*, c'est-à-dire lorsqu'il est parvenu à placer son dernier dé, tandis qu'il en reste encore plus ou moins dans les mains de son adversaire, ou il a gagné le coup tout simplement, ou — et alors il s'agit d'une partie, en cent ou cent cinquante points, ordinairement — il marque les points accusés par les dés du perdant.

Le coup joué, la main passe, c'est-à-dire chaque joueur pose à son tour. Celui qui a posé au coup précédent mêle les dominos, son adversaire choisit le premier les sept qui lui reviennent, et ainsi de suite.

Il est d'usage, pour le dire en passant, de prendre ses dés tous à la fois, ou du moins de ne les point prendre un à **un**;

— en un mot, il importe de ne pas laisser soupçonner à son adversaire qu'on les choisit. — Mais il est bien entendu que pareille recommandation ne peut s'adresser qu'à des adversaires étrangers l'un à l'autre, sujets à caution, au moins extraordinairement soupçonneux.

PARTIE DE DOMINOS A LA PÊCHE

Cette partie diffère de la précédente en ce que le joueur qui n'a pas de quoi mettre au jeu, au lieu de *bouder*, *pêche* — c'est-à-dire prend de nouveaux dés à la réserve, jusqu'à ce qu'il en trouve un qui puisse s'adapter à l'un ou à l'autre bout du jeu sur table.

Lorsqu'il a enfin trouvé ce bienheureux dé, il se trouve quelquefois avoir *pêché* la presque totalité du talon, — mais ce n'est pas toujours une raison pour que l'autre joueur gagne. Celui-ci, bien que n'ayant en mains que trois ou quatre dés, quand son adversaire en a une bonne douzaine, boude quelquefois assez longtemps, faute de pouvoir pêcher, pour permettre au premier pêcheur de faire domino.

Un tel résultat est dû, sans doute, pour beaucoup au hasard, mais pour plus encore à l'habileté du joueur, à son sang-froid et surtout à sa mémoire.

Il arrive enfin que le jeu est fermé, intentionnellement ou non, et qu'il faut compter les points pour savoir qui a gagné. Généralement le joueur qui a le moins grand nombre de points, et qui n'est pas sûr de faire domino, ferme le jeu exprès.

La partie, en tout cas, s'achève comme la précédente, et se joue aux points, ou au *domino*, suivant conventions préalables, ainsi que nous l'avons indiqué pour la partie ordinaire à deux.

DOMINO A TROIS OU QUATRE, CHACUN POUR SOI

Il ne nous paraît pas utile d'entrer dans de grands détails relativement à cette manière de jouer le domino, qui ne diffère des précédentes que dans le nombre des joueurs.

Cette différence toutefois en entraîne naturellement une autre, c'est dans le nombre de dés attribué à chacun qui, dans le domino à quatre par exemple, ne peut plus être que de six, de manière qu'il en reste quatre au talon.

Cette méthode particulière n'admet pas non plus la variété « à la pêche », — pour de bonnes raisons.

DOMINO A QUATRE OU DOMINO VOLEUR

Cette variété du domino se joue entre deux associations de deux personnes, réglées par le sort : les deux dés les plus élevés contre les deux dés les plus faibles.

Les joueurs placés de manière à ce que deux partners ne puissent ni s'entendre ni jouer l'un sur l'autre, celui qui a amené le dé le plus élevé pose de droit sans nouveau tirage. La main passe ensuite aux autres joueurs à tour de rôle.

Ainsi que nous l'avons spécifié plus haut pour toute partie de dominos à quatre, chaque joueur n'a que six dés, et il en reste quatre en réserve.

Le but, dans cette variété du jeu de domino, c'est pour l'une ou l'autre association d'atteindre, avant la partie adverse, le chiffre de cent ou cent cinquante points, suivant qu'on en est convenu d'avance. Les moyens d'arriver à ce résultat n'ont pas besoin, au point où nous voici, d'être déduits avec une minutie extraordinaire; ce sont toujours les mêmes.

Il importe toutefois d'appeler l'attention du joueur sur la nécessité de se bien entendre, — sans geste, parole ou signe d'aucune sorte — avec son associé. En principe, faire le jeu de son partner s'il est premier, et sacrifier au besoin son propre jeu au succès du sien, — excepté, bien entendu, quand on est certain de faire domino, auquel cas, il faudrait le lui donner à entendre afin d'obtenir son appui, d'éviter en tout cas une hostilité apparente, funeste, s'il n'en comprend à temps le danger.

RÈGLES DU JEU DE DOMINOS

Si, en prenant ses dés, un joueur en retourne un ou plusieurs, il faut mêler de nouveau; mais si, chaque joueur ayant ses dés en mains, il lui arrive d'en retourner ou laisser voir quelqu'un, tant pis pour lui !

Le premier en jeu, celui qui a le droit de poser, doit atten-

dre que les autres aient pris leurs dés pour se servir à son
tour.

Un joueur qui aurait pris un domino de moins peut compléter son jeu, en prenant au talon le dé qui lui manque ;
mais si son erreur n'est reconnue qu'après qu'un domino a
déjà été posé par chacun des joueurs, il perd la partie.

Celui qui, au contraire, en aurait pris un de trop doit
renverser son jeu sur la table et l'un de ses adversaires, en
retirant au hasard un dé, le remettra au talon sans le regarder.

C'est le joueur qui a posé au coup précédent qui doit mêler
les dominos pour le coup suivant, — ce qu'on appelle *faire
le ménage* ou *la cuisine.*

Tout dé posé est bien joué ; on ne peut plus, du moment
où il s'adapte bien au dé au bout duquel il est placé, le reprendre, — fût-ce pour le placer à l'autre bout du jeu auquel
il s'adapterait également.

Lorsqu'un dé a été placé à faux, par exemple du cinq sur
du quatre ou du six, il sera néanmoins reconnu bien joué
s'il est couvert par un autre dé correctement placé. Le joueur
ou l'association coupable seront toutefois déchus du droit de
marquer les points qu'ils pourraient faire sur le même coup,
— en supposant que ce coupable fût découvert.

On ne peut demander, pendant que le jeu suit son cours,
ni qui a posé le premier dé, ni quel est ce dé ; — du moins on
a toujours le droit de faire cette question ou toute autre, mais
il ne doit pas y être répondu.

Si un joueur demande aux autres combien de dés il leur
reste en mains, ceux-ci doivent lui répondre — et lui dire la
vérité, naturellement.

LE MATADOR

Bien que joué avec des dominos, le *matador* constitue bien
réellement un jeu tout particulier.

Au lieu de faire suivre les dés en les assemblant par nombre de points jusqu'à ce que l'un des joueurs ait fait domino
ou que le jeu soit fermé, dans le jeu de matador, on assemble
les dés de manière à ce que les deux parties réunies de deux
dés différents donnent un total de *sept* points.

Ainsi, supposons que le dé sur lequel il s'agit de poser
soit le *six-cinq*, et que la partie de ce dé à couvrir est celle

qui offre cinq points; nous aurions à ajouter à ces cinq points, pour obtenir un total de sept, deux points; nous placerons donc au bout du cinq-six, le deux-quatre, par exemple, lequel pourra être suivi du trois-as, puisque quatre et trois font encore sept, — sans compter que, du côté du six, rien ne s'oppose à ce que nous placions l'as-deux, six et un faisant tout aussi exactement sept que trois et quatre; — et ainsi de suite, posant par les deux bouts ou par un, suivant les conventions préalablement établies.

Il y a, en outre, dans le jeu, quatre *matadors* qui ont seuls le pouvoir de rouvrir le jeu quand il se trouve fermé, que l'on peut placer où l'on veut et dans le sens que l'on veut; ce sont d'abord les trois dominos dont les points forment le total de sept points requis : soit le six-un, le cinq-deux et le trois-quatre; puis le double blanc qu'on ne saurait employer plus utilement.

Chaque joueur, la pose tirée au sort, prend trois dés, et le premier en jeu commence; lorsque les dés sont épuisés, ou que celui dont il a besoin pour faire sept avec le dernier sur table manque à l'un des joueurs, il pêche au talon jusqu'à ce qu'il ait trouvé ce dé ou un *matador*.

Lorsque le jeu est fermé par un blanc, trouver un matador en pêchant à la réserve est indispensable, puisqu'on ne pourrait faire le nombre sept avec aucun autre domino et un blanc.

Lorsque le jeu est définitivement fermé ou que l'un des joueurs n'a plus de dés en mains, quoique son adversaire en ait encore, celui qui n'a plus de dominos ou celui qui a le moins de points, si l'on compte, a gagné.

Le jeu de *matador* est encore joué d'une autre manière en Angleterre, bien que celle dont nous nous occupons y soit également fort pratiquée. Cette autre méthode consiste à jouer comme au domino ordinaire et à compter seulement, toutes les fois qu'il se rencontre, le total de sept points ou d'un multiple de sept points formé par l'addition des deux bouts du jeu.

Supposons, par exemple, que le premier joueur a posé le double-six et que le second couvre ce dé de six-deux; il se trouvera à un bout le double-six, c'est-à-dire douze points, et à l'autre bout, deux; soit au total quatorze, ou deux fois sept. — En conséquence, le joueur marquera deux points. Que le premier flanque alors son double-six du six-cinq, les deux bouts donneront l'un un cinq, l'autre un deux ; au total, sept ; et le joueur marquera un point.

Ainsi de suite jusqu'à épuisement des dés.

Les Anglais ont d'ailleurs plusieurs jeux particuliers dont la méthode est basée sur de semblables principes, notamment le *all fives* (cinq partout), dans lequel c'est cinq points au lieu de sept qu'il s'agit d'obtenir de cette manière.

Nous n'y insisterons pas, persuadé que nos jeux favoris ne seront point supplantés par ces jeux et d'autres où l'excentricité britannique s'est quelquefois donné carrière dans une mesure excessive pour des appréciateurs français.

LE TRICTRAC

Le trictrac se joue, sur une table spécialement construite pour cet usage, entre deux personnes seulement, armées chacune de quinze dames de couleur différente, un peu plus larges et plus épaisses que celles employées au jeu de dames proprement dit, généralement moitié blanches et moitié noires. En outre, les joueurs sont munis chacun d'un cornet dans lequel, à tour de rôle, ils agitent deux dés dont l'usage leur est commun et qu'ils lancent sur le trictrac de manière à heurter la bande opposée qui les repousse vers le centre de la table. Trois jetons et deux *fichets* pour marquer complètent l'arsenal d'un joueur de trictrac.

La table du trictrac a des bords élevés d'environ six centimètres, d'un fond noir incrusté de vingt-quatre flèches de couleur voyante (ordinairement blanches et jaunes ou vertes ou rouge-vif), douze de chaque côté, dont les pointes se menacent ; cette espèce de boîte découverte est séparée en deux parties égales, dans le sens de sa longueur, par une traverse moins élevée que les bords extérieurs. Sur les bords de chaque côté et en face de chaque flèche sont pratiqués douze petits trous destinés à marquer, à l'aide des fichets, les parties gagnées.

Avant de commencer, chaque joueur met d'abord ses dames, en deux ou trois piles, sur la première flèche de gauche, appelée *talon*.

On marque ses points à mesure qu'on les gagne : deux points à la pointe de la flèche correspondant au premier trou ; quatre points devant la flèche du troisième ; six points de-

5

vant la flèche du cinquième; huit points devant la flèche du sixième; dix points devant la flèche du huitième ou contre la dernière bande ou bord extrême de la table; enfin douze points, qui font partie gagnée, se marquent avec un fichet dans le premier trou près du talon.

Il sera peut-être utile, avant d'aller plus loin, de donner la liste, assez nombreuse et variée, des termes spéciaux employés au jeu de trictrac, et que nous serions obligé, à chaque instant, d'expliquer, lorsqu'ils se rencontreraient sous notre plume.

VOCABULAIRE DES TERMES DU TRICTRAC

Abattre du bois. — Prendre au talon de nouvelles dames, au lieu de se servir de dames déjà jouées.

Accoupler les dames. — Les mettre par *couple* sur une flèche.

Adouber. — Arranger ses dames sans jouer.

Aller (s'en). — Relever ses dames et les remettre en pile pour recommencer, lorsqu'on a déjà gagné un trou ou plusieurs.

Ambesas (de *ambo*, deux, et *as*.) — Deux as amenés en jetant les dés.

Avancer son jeu. — Prendre son coin.

Bander les dames. — Les accumuler sur une flèche.

Battre une dame. — Placer une dame sur la flèche où il y en avait une de l'adversaire.

Beset. — Diminutif familier de *ambesas* (double as).

Bredouille. — Douze points pris d'un seul coup; par extension, le jeton de couleur particulière et percé d'un trou qui sert à marquer la grande bredouille.

Carme. — Deux quatre amenés par les dés.

Case. — Lieu occupé par deux dames sur une flèche.

Case de l'écolier. — La plus près du *coin de repos*, la dixième après le *talon*.

Case du diable. — La septième après le talon.

Casement. — Arrangement des dames.

Coin ou *coin de repos.* — La onzième case.

Coin bourgeois. — La cinquième case après le talon.

Conserver. — On dit qu'on peut conserver lorsqu'on peut jouer les nombres amenés par les dés sans dégarnir aucune des cases formant le plein. On dit *conserver par impuissance,* lorsqu'on a amené aux dés des nombres qu'on ne peut jouer faute de passage.

Couvrir une dame. — Ajouter une dame à une autre pour l'empêcher d'être battue.

Dame découverte. — Dame isolée sur une flèche.

Double (être). — Ne pouvoir rentrer deux dames, n'ayant qu'un passage.

École. — *Faire une école, marquer une école,* se dit lorsqu'on a oublié de marquer ses points ou qu'on en a trop marqué ; dans le premier cas, l'adversaire s'en empare ; dans le second, il fait démarquer les points portés en trop et les porte à son compte. Pour le joueur ainsi favorisé, on dit qu'il *envoie à l'école* l'autre joueur.

Enfilade. — Lorsque on occupe une position difficile, dont une série de coups de dés défavorables vous empêche de sortir et permet à votre adversaire de gagner.

Enfiler son adversaire. — C'est lui fermer les issues pour l'empêcher de jouer.

Étendre le jeu. — Le disposer de manière à avoir facilement des dames à jouer.

Fichet. — Petit morceau d'ivoire tourné, destiné à mettre dans les trous du trictrac pour marquer les parties.

Jan. — Douze dames faisant le plein d'un des côtés du trictrac.

Le tour du trictrac est partagé en quatre parties égales, appelées tables ou *jans ;* chaque joueur a donc ainsi deux jans, qu'on appelle le *grand-jan* et le *petit-jan,* du moins dans le jeu ordinaire.

Jan qui ne peut. — Dame dont le passage est intercepté.

Jouer pour tous. — Avancer toutes ses dames.

Jouer tout d'une. — Jouer une dame seule et la mettre sur la seconde.

Mettre dedans. — Mettre une dame sur une flèche vide.

Plein. — Chacune des six flèches d'une table garnie de deux dames *font le plein.*

Quaterne. — (Voyez *Carme.*)

Quine. — Deux cinq amenés aux dés.

Revirade. — Case faite sur une flèche vide à l'aide de dames empruntées à des cases déjà faites, et en laissant d'autres à découvert.

Rompre les dés. — Renvoyer du coin de son cornet les dés jetés par l'adversaire, pour annuler le coup.

Sonnez. — Deux six amenés par un coup de dés.

Surcase. — Addition d'une troisième dame sur une case déjà faite.

Tenir. — Un joueur qui, ayant gagné un trou, renonce à s'en aller (voyez ce mot), c'est-à-dire ne relève pas ses dames, tient.

Terne. — Deux trois amenés par un coup de dés.

Tout à bas. — Prendre deux dames à la pile ou au talon, pour jouer les deux nombres amenés aux dés.

MARCHE DU JEU

Les deux joueurs en présence, leurs dames empilées au talon et le premier en main désigné par le sort, celui-ci s'empare des deux dés, les agite dans le cornet et les lance sur le trictrac de la manière que nous avons précédemment indiquée.

Les deux dés présentent une de leurs faces, sur laquelle sont gravés un certain nombre de points, de 1 à 6, que le joueur appelle en commençant toujours par le plus élevé. Par exemple, si c'est un 6 et un 2, il annonce 6 et 2, — et non 2 et 6. Alors il prend au talon une ou deux dames, à son gré, et les place, suivant l'indication de ces nombres, chacune, s'il en prend deux, sur une flèche éloignée du talon, d'autant de flèches que chacun des dés annonce de points; soit une sur la seconde flèche et l'autre sur la sixième; ou bien, s'il n'en prend qu'une, il la place sur une flèche éloignée du talon d'autant de flèches que les dés marquent de points *ensemble*; soit : 6 + 2 = 8, sur la huitième flèche en conséquence.

Pour les coups suivants, la faculté de choisir ses dames s'étend encore : toutes les flèches sur lesquelles sont posées des dames sont dès lors considérées comme autant de talons où l'on peut s'approvisionner pour marquer les coups nouveaux. Ainsi, lorsqu'on a marqué un nouveau coup de dés, celui dont nous venons de parler étant joué par deux dames, et que ce coup de dés nouveau, par exemple, donne 5 et 3, on peut, au lieu d'*abattre du bois*, c'est-à-dire de prendre à la *pile*, se servir des dames jouées; porter, je suppose, la dame placée sur la seconde flèche, sur la cinquième ou sur la septième, pour marquer 3 ou 5, et ainsi de suite. Tant que le joueur a des dames empilées au talon primitif, il peut donc ou y recourir ou simplement faire manœuvrer conformément aux indications des dés les dames déjà jouées.

On nomme *case* la flèche où il y a au moins deux dames.

Les deux dés amènent quelquefois deux points semblables. C'est ce qu'on appelle un *doublet;* les doublets, dont on trouvera les différentes qualifications au Vocabulaire, comptent pour le double des points qu'ils annoncent.

Nous ne pouvons entrer dans les détails des coups de trictrac, il faudrait un volume ; — et un volume d'explications théoriques fatiguerait l'amateur le plus résolu, sans l'instruire autant que deux heures de pratique. Ainsi chacun des coups principaux ou *jans* ne compte pas moins de trente-six chances différentes. Aucun jeu n'est plus compliqué que le trictrac, et nous ne pouvions que donner des notions élémentaires indispensables à tout amateur, et destinées à lui aplanir les difficultés de début dans la pratique..

Nous compléterons cette notice par l'indication des règles générales de ce jeu intéressant où, si le hasard a une part très-importante, le joueur trouve cependant un vaste champ pour le développement de ses facultés intellectuelles.

RÈGLES DU JEU DE TRICTRAC

Nous avons déjà dit au commencement qu'il est de règle de jeter les dés avec force, de manière à ce qu'ils aillent heurter la bande de l'adversaire. Cette règle est très-sévère. Il est absolument interdit de faire tomber les dés lentement du cornet, comme si on vidait un sablier.

Les dés sont bons en quelque endroit qu'ils tombent, pourvu qu'ils reposent d'aplomb sur l'une de leurs faces.

Les dés jetés, on ne doit les relever que lorsqu'ils ont été vus et que le joueur qui les a jetés, après avoir appelé les points qu'ils représentent, a joué conformément à ces indications.

Rompre les dés signifie repousser les dés de son adversaire avec son propre cornet ; cette action rend le coup nul. Il faut prévenir en disant : *Je romps*, et en portant son cornet en avant. On ne peut rompre qu'une fois dans le cours d'une partie, — encore convient-on généralement auparavant qu'on ne rompra pas.

On peut changer de dés toutes les fois qu'on le veut. On peut également les secouer longtemps dans le cornet avant de les jeter.

Celui qui jette les dés marque toujours ce qu'il gagne avant que l'autre marque ce qu'il peut avoir perdu dans le même coup.

Le joueur qui marque moins de points qu'il n'en a est *envoyé à l'école* de la différence, à moins qu'il n'ait rectifié sa marque avant d'avoir touché à ses dames.

Celui qui marque plus de points qu'il n'en a est obligé de rectifier sa marque, ce qui n'empêche pas qu'il soit envoyé à l'école du surplus.

Celui qui joue ses dames avant d'avoir marqué ses points ne peut plus y revenir, et est envoyé à l'école de la totalité des points qu'il devait marquer.

L'envoi à l'école n'est pas obligatoire; un joueur peut très-bien ne pas marquer à son compte les points de son adversaire en défaut; mais il ne peut, dans le cas où ceci serait plus conforme à ses intérêts, ne prendre qu'une partie des points de son adversaire. Il faut qu'il prenne ou qu'il abandonne tout.

On ne peut plus marquer les trous qu'on aura gagnés dès qu'il y aura eu un coup de joué.

Toute dame touchée est considérée comme jouée, si l'on n'a dit auparavant : *J'adoube*.

Le joueur qui marque le trou double ou simple efface tous les points de l'autre joueur.

Celui qui achève le trou avec son dé peut *s'en aller;* il ne doit, dans ce cas, ni marquer les points qui lui restent ni toucher à ses dames; s'il pose son jeton, s'il touche à son bois, il ne le peut plus.

En consultant le Vocabulaire, on trouvera au mot qui les désigne quelques autres règles trop peu importantes pour exiger une répétition.

LE JACQUET

Le jacquet est une variété du trictrac soumise aux mêmes règles générales et faisant usage des mêmes termes.

Il se joue, à deux également, sur une table de trictrac,

avec quinze dames noires et quinze blanches pour chaque joueur, un cornet, des dés, etc. Les dames sont empilées sur la première flèche située à la gauche du joueur, et leur marche est commandée par le nombre de points que les dés amènent à chaque coup, absolument comme au trictrac.

Le but de chaque joueur est de faire faire le tour de la table à ses dames et de les mener ainsi dans le compartiment de droite de l'adversaire. On commence par faire marcher une dame, à laquelle on donne le nom de *courrier*, et qui doit arriver première à la droite du joueur.

Les dames parvenues dans le compartiment de l'adversaire, il s'agit de les en faire sortir, en leur faisant faire le tour contraire à celui qu'elles ont fait pour y arriver.

On ne peut accoupler les dames sur aucune flèche avant que le courrier soit arrivé à son but. Mais lorsqu'on a une dame rentrée, on peut à son gré accoupler les dames, ou boucher le passage à son adversaire, ou rentrer d'autres dames.

L'objectif principal du joueur de jacquet doit être de s'étendre, d'occuper le plus grand nombre possible de flèches, afin d'entraver la marche de l'adversaire plus sûrement et de pouvoir sortir le premier.

La sortie doit toujours se faire avec prudence.

Si les dés amènent des numéros semblables, des *doublets*, on compte quatre fois le nombre des points qu'ils représentent.

Pour tout le reste, le jacquet, tout aussi compliqué que le trictrac, est soumis aux mêmes règles que ce jeu, et, comme lui, ne peut bien s'apprendre que de la pratique.

LES DAMES

Les *dames* se jouent entre deux personnes sur un *damier*, c'est-à-dire sur un tablier divisé en cent cases, cinquante blanches et cinquante noires, avec de petits disques de bois appelés pions, dont chaque joueur possède vingt, l'un vingt noirs, l'autre vingt blancs.

L'usage étant de placer les pions sur les cases blanches du damier, on dispose celui-ci de manière que la grande ligne diagonale de cases blanches commence en quelque sorte sous la main gauche de chaque joueur. Cette recommandation est

facile à suivre, attendu qu'en retournant le damier la ligne
de cases noires qui le traverse diagonalement se trouverait
exactement à l'endroit en question, ce qui sauterait aux yeux.

Les pions placés sur les cases blanches doivent occuper,
de chaque côté, quatre rangées de cinq cases, ce qui fait au
total quarante, et laisser entre les deux armées de pions blancs
et de pions noirs deux rangées entièrement vides, contenant
dix cases blanches; lesquelles, ajoutées aux quarante cases
envahies, nous donnent bien le total annoncé de cinquante
cases blanches.

Jouer sur les cases blanches du damier est d'un usage à peu
près général, mais il est bien entendu qu'aucune règle ne
l'impose à personne et qu'on peut très-bien se servir des
cases noires.

La main, en commençant, est tirée au sort ; pour les coups
suivants, la main suit.

Avant de commencer le jeu, si les joueurs, se connaissant
très-bien, se savent de force inégale, il est d'usage que le
plus fort *rende des points*, en nombre proportionnel à sa supériorité reconnue, et d'ailleurs acceptée par lui, à son adversaire plus faible. Dans ce cas, il retire de son jeu des pions à
son choix, le nombre consenti, et les remet à son adversaire.

Le joueur qui profite de ces avantages joue alors le premier. Ce n'est que dans le cas d'égale force entre joueurs,
surtout de risques égaux, que la main est tirée au sort.

Le jeu de dames demande beaucoup de tact et de patience,
et surtout de l'attention.

Au début, il importe d'étudier le jeu de son adversaire et
de se régler là-dessus. Si l'on a affaire à plus fort, ou tout au
moins à aussi fort que soi, il est bon de ne pas trop serrer
ses pions, et de risquer, mais avec prudence, quelques *tant
pour tant*, — c'est-à-dire laisser prendre à l'adversaire un ou
plusieurs pions afin de se trouver ensuite en position de lui
rendre la pareille en toute sûreté.

Dans le cas contraire, il faut laisser l'adversaire se serrer
et le serrer soi-même, en veillant à conserver le coup sur lui,
de manière à l'amener à ne pouvoir bouger sans faire le
sacrifice involontaire d'un ou deux pions.

Si l'adversaire dégarnit son jeu d'un côté, il faut aussitôt
y transporter un contingent respectable de pions, mais prendre garde de commettre la même faute que celle dont on

cherche à profiter, en affaiblissant d'une manière exagérée le côté menacé.

Plus la partie touche à sa fin, plus les pertes sont sensibles et difficiles à réparer. Il est donc de prudence élémentaire de rassembler ses pions disséminés, afin qu'ils puissent se porter secours au besoin.

Le pion est dirigé en avant, d'une case blanche sur une autre, tant qu'il n'a pas de prise à faire. Il peut prendre, lorsqu'il rencontre immédiatement devant lui un pion adversaire derrière lequel se trouve une case blanche vide; le pion (supposons noir contre blanc), le pion noir passe alors par-dessus le pion blanc et est posé sur la case vide qui se trouve derrière celui-ci qu'il enlève; si derrière cette case vide il se trouve un autre pion blanc dans la même situation que celui qui vient d'être enlevé, il subit le même sort, et ainsi de suite.

Le pion gagnant peut même dans ce cas se porter en avant, à droite, à gauche, en arrière; — tant qu'il trouve devant ou près de lui un pion ennemi dont les derrières sont absolument dégarnis, il prend, il prend, il prend !

La *dame* ou *pion damé* est le pion auquel on est parvenu à faire traverser le damier pour le placer à la première ligne près du bord opposé.

Nous verrons tout à l'heure quelles sont les prérogatives attribuées à la *dame*.

RÈGLES DU JEU DE DAMES

Dame touchée, dame jouée est une maxime dont on ne peut s'écarter sous aucun prétexte. Ainsi, dès qu'on a touché un pion ou une dame, il faut le jouer, à moins d'obstacle réel, d'abord inaperçu ; mais on peut le jouer où l'on veut, tant qu'on ne l'a pas lâché; l'eût-on posé déjà — mais sans le quitter des doigts — sur une case vide, on a le droit de l'en retirer et de le jouer ailleurs.

Toutefois on peut éprouver le désir de toucher les pions placés de travers pour les redresser : il est permis de satisfaire cet amour de la symétrie, à la condition de dire avant de porter sur ses pions une main téméraire : *J'adoube ;* — autrement l'adversaire pourrait forcer à jouer les pions ainsi touchés dans les intentions les plus innocentes, — du moins celui de ces pions qu'il lui plairait de désigner, pourvu qu'il n'y ait pas d'obstacle à sa marche régulière.

Si un joueur place son pion sur une autre case que celle où il devait être régulièrement placé, son adversaire peut à son choix ou maintenir l'erreur ou la faire rectifier.

S'il y a à prendre plusieurs pions et que celui qui joue oublie d'en prendre une partie, son adversaire a le droit de *souffler*, c'est-à-dire de confisquer le pion qui n'a pas rempli entièrement son office. Il peut, s'il le juge plus avantageux pour lui, forcer le joueur coupable à prendre, fût-ce malgré lui.

Mais « souffler n'est pas jouer ». Ce qui revient à dire que le joueur qui a soufflé le pion de son adversaire dans les conditions dont nous venons de parler n'en a pas moins le droit de jouer à son tour.

Si celui-ci, ayant touché le pion qu'il a le droit de souffler, était tenté de se raviser, il ne le pourrait plus. Il ne pourrait plus par conséquent forcer son adversaire à prendre et serait obligé de souffler en dépit qu'il en eût.

Lorsqu'un joueur a à prendre de plusieurs côtés, il doit opter pour le côté où il y a le plus grand nombre de pions à prendre, ou du côté où il y a des dames, s'il n'y en a pas de l'autre. S'il ne le fait pas, son adversaire peut l'y contraindre, ou souffler le pion coupable, s'il le juge plus à propos.

Un joueur qui touche un autre pion que celui qu'il doit prendre peut être forcé à jouer ce pion touché à tort, tout en se voyant souffler celui qui devait être joué.

Qui quitte la partie la perd, et, en conséquence de cette règle, le joueur qui refuse de prendre perd la partie.

Nous avons dit ce qu'est une *dame* : c'est un pion sur une des cases de la première ligne de l'adversaire, le long du bord extérieur du tablier; on place dessus un pion de même couleur et il est alors baptisé dame.

Mais il faut que ce pion arrive là en terminaison de coup; si, lorsqu'il est sur cette ligne, il lui reste à prendre en revenant sur le centre, il faut qu'il le fasse et reste *pion* jusqu'à nouvel ordre.

Un pion ne peut avancer dans la carrière que pas à pas; une dame peut traverser tout le damier, si le passage est ouvert.

La dame, lorsqu'elle a à prendre, peut sauter plusieurs cases d'un coup, si elles sont vides ou s'il s'y trouve des pions à prendre. Elle va en avant, en arrière, à gauche, à droite, ne connaissant d'autre obstacle que ceux que nous venons d'indiquer.

Lorsque, vers la fin d'une partie, la situation respective des deux joueurs est telle que ni l'un ni l'autre ne peut gagner, c'est une partie à remettre ; notamment quand l'un des deux a trois dames, et l'autre une seule avec l'avantage d'être placée sur la ligne du milieu (la ligne diagonale s'étendant de la gauche de l'un des joueurs à la gauche de l'autre).

Si cet avantage n'existe pas pour la dame unique, il n'est pas impossible de la gagner ; mais comme les coups restant à jouer ne peuvent être forcés, il est d'usage que le joueur qui a la supériorité de jeu ne puisse forcer son adversaire à jouer plus de vingt coups, que celui-ci ne peut refuser, eût-il fait avantage à l'autre.

Une partie doit être poursuivie jusqu'à la fin. Le joueur qui cesse de jouer avant la fin, sauf entente préalable avec son adversaire, perd la partie. — C'est d'ailleurs toujours la règle fondamentale, et qui n'est pas spéciale aux dames, de *qui quitte la partie la perd.*

EXPRESSIONS TECHNIQUES EN USAGE AUX DAMES

Le jeu de dames a naturellement sa petite collection de termes spéciaux, qu'il peut être utile d'expliquer, bien qu'ils soient trop peu nombreux pour en former un vocabulaire.

Le joueur qui porte les mains sur ses pions, dans le but de les redresser, doit dire, comme au *jacquet : J'adoube,* s'il ne veut que son adversaire prenne occasion de sa distraction pour le forcer à jouer celui des pions touchés qu'il jugera à propos.

On dit d'un joueur qu'il *a le coup,* lorsque son jeu est dans de telles conditions qu'il peut toujours jouer sans perte, quand son adversaire ne peut, au contraire, bouger sans sacrifier un ou plusieurs pions.

Coup du repos. — On désigne ainsi la situation d'un joueur dont l'adversaire fait plusieurs prises forcées, tandis qu'il arrange tranquillement ses pions pour prendre une prompte et sûre revanche.

On appelle *lunette* deux pions placés côte à côte et ayant

derrière chacun d'eux une case vide invitant le pion de l'adversaire, qui doit, dans ce cas flairer un piège.

Jouer le *tant pour tant*, c'est donner à prendre à son adversaire pour obtenir une position qui permette de lui reprendre autant qu'on lui a offert.

Si le « tant pour tant » n'avait pas d'autre but que celui qu'il semble avoir, il ne serait pas très-avantageux à jouer ; mais il sert en même temps à dégager le jeu, et souvent même à prévenir un mauvais coup. Un joueur habile ne s'y trompe pas.

LES ÉCHECS

Le jeu d'échecs se joue sur une table semblable à celle du jeu de dames et qui est proprement le *damier*, jadis employé aux *dames françaises*, maintenant abandonnées ; dans le cas actuel, on l'appelle *échiquier*. L'échiquier a soixante-quatre cases, trente-deux cases blanches et trente-deux noires. Mais ici, contrairement à ce qui a lieu pour les dames, elles servent toutes.

Les *pièces* du jeu d'échecs sont de deux couleurs bien tranchées ; — supposons-les blanches et noires, ce qu'elles sont, en effet, le plus souvent ; il y aura donc seize pièces blanches et seize pièces noires. Ces seize pièces se divisent en huit grandes, qui sont : le *roi*, la *reine*, deux *tours*, deux *cavaliers*, deux *fous* ; et huit petites, qui sont les *pions*.

Ces pièces sont placées comme suit sur l'échiquier :

A chacun des deux angles, une tour ; sur la case suivante, de chaque côté, un cavalier ; après chaque cavalier, un fou ; puis le roi et la reine, cette dernière sur la case de sa couleur. Chaque pièce de l'adversaire se trouve exactement en face de la pièce pareille du premier joueur ; — il est d'ailleurs impossible qu'il en soit autrement, si l'on observe bien de placer la reine sur la case de sa couleur et les autres pièces comme nous l'avons indiqué.

Les pions sont placés sur chacune des huit cases de la seconde ligne, et chacun prend le nom de la pièce devant laquelle il est placé : le *pion du roi*, le *pion de la reine*, etc.

Les cases ont également leur nom distinctif. Ainsi la case où se trouve le roi s'appelle *première case du roi* ; celle occupée par son pion, *deuxième case du roi* ; celle qui suit, en allant vers le centre de l'échiquier, *troisième case du roi*, et ainsi de suite pour les autres cases et les autres pièces.

MARCHE DES PIÈCES

Le *pion* marche en avant et pas à pas ; au premier coup, il lui est permis de faire deux pas, c'est-à-dire de franchir deux cases, mais c'est la seule exception passé laquelle il ne peut faire qu'un pas à la fois, et toujours en avant ; par exemple, il ne peut prendre qu'obliquement, soit à droite, soit à gauche, mais non en face, derrière ou à côté de lui.

La *tour* va en avant, en arrière, à droite ou à gauche, dans toute la longueur de la ligne des cases, pouvant s'arrêter sur celle que le joueur choisit, pourvu, bien entendu, que le passage ne lui soit pas fermé par une autre pièce.

Le *cavalier* franchit deux cases en avant ou en arrière et une à droite ou à gauche, en changeant de couleur de cases.

Le *fou* marche obliquement, sans pouvoir changer de couleur de cases, l'un marchant sur les cases blanches, l'autre sur les noires. Les fous peuvent franchir toute la largeur de l'échiquier, avancer, reculer, aller à droite ou à gauche, tant que le passage est libre, — mais en conservant toujours leur couleur.

La *dame* marche à la fois comme la tour et comme le fou.

Le *roi* marche dans tous les sens, mais il ne peut faire qu'un pas à la fois.

A l'exception des pions, qui ne prennent qu'obliquement, toutes les pièces prennent dans la direction où elles marchent.

On n'est forcé de prendre que si l'on ne peut jouer sans cela, parce qu'il faut que chacun joue à son tour. Pour prendre, on enlève la pièce prise et l'on met à sa place celle qui a pris.

VOCABULAIRE DES TERMES EN USAGE AUX ÉCHECS

Attaque. — Lorsqu'un joueur a l'une de ses pièces placée de telle sorte qu'elle ne peut être déplacée, quand son tour de jouer est venu, sans prendre un pion à la partie adverse, on dit de ce joueur qu'il *attaque* la pièce en question.

Couvrir. — Se dit de l'action par laquelle on garantit le roi contre l'attaque d'une pièce adverse par l'interposition d'une autre pièce.

Dégager. — Donner à l'une de ses pièces une direction sûre.

Échec. — Ce mot, outre qu'il sert à désigner le jeu dont nous nous occupons, a encore d'autres acceptions.

Lorsque le roi se trouve en dedans de la ligne d'une pièce ou d'un pion ennemi, on dit qu'il est *en échec*, en d'autres termes, il y a *échec au roi*. Il faut alors ou diriger le roi sur une autre case où il soit hors d'échec, ou interposer quelque autre pièce, grande ou petite, entre lui et la partie hostile, ou prendre cette dernière de manière ou d'autre, afin d'éviter le *mat*.

L'*échec à la découverte* résulte de ce fait qu'en faisant mouvoir une pièce on en *découvre* une autre qui fait échec et dont l'attaque était précédemment masquée par la pièce qu'on vient d'avancer.

Il y a *échec double* quand l'une et l'autre des deux pièces dans la situation précédente, celle qui a été masquée et celle qui masquait celle-ci, font échec en même temps.

L'*échec perpétuel* est celui que reçoit un joueur quand la position de son roi est telle qu'il ne peut bouger sans que la ou les pièces de la partie adverse le tiennent partout et perpétuellement en échec, de sorte qu'il ne peut leur échapper, bien qu'ayant plusieurs cases où il puisse trouver un refuge contre le *mat*. En pareil cas, la partie est remise.

Gambit. — Terme employé pour désigner l'offre d'un pion ou d'une pièce quelconque à l'adversaire, en vue de le lui faire prendre et de s'assurer, par la même occasion, une position plus avantageuse. Il y a plusieurs espèces de gambit : le gambit du roi, de la reine ; le gambit de Muzio, d'Allgaier, d'Évans, de Ruy Lopez, de Salvio, etc., du nom des joueurs qui l'ont inventé ; le gambit écossais ; le double gambit, etc.

Le gambit se joue principalement comme ouverture de jeu. Ainsi, pour jouer le gambit du roi, le joueur qui a le *trait* joue le pion du roi deux pas ; l'adversaire agit de même ; alors le premier joueur donne le pion de son fou du roi à prendre au pion du roi (rappelons ici que le pion ne peut prendre qu'en ligne oblique) ou au fou du roi de la partie adverse.

Ajoutons que ce mot de gambit vient de l'italien *gambetto*, qui a la même acception à divers jeux, mais qui usuellement signifie *croc-en-jambes*, ce qui nous dispense d'une plus longue explication.

Mat ou *échec et mat*. — Si le roi, étant en échec, ne peut ni bouger, ni être couvert, ni s'emparer de la pièce qui l'attaque, il est *mat*, et la partie est perdue.

Le *mat aveugle* est celui qui se fait sans que rien l'annonce.

On appelle *mat* ou *échec et mat étouffé* celui que reçoit un roi serré de trop près par ses propres pièces pour pouvoir se défendre de l'échec qu'on lui fait subir. Supposons donc un roi placé à la case de sa tour, celle-ci étant à la case du cavalier, et les pions de sa tour et du cavalier à leur case respective ; qu'un cavalier ennemi vienne se placer à la case du pion du fou, sans risquer d'être pris, le roi, ne pouvant remuer, pressé qu'il est par ses propres pièces, est échec et mat, et de cette espèce d'échec et mat qu'on appelle avec raison *étouffé*.

Opposition. — Le roi est en opposition lorsque, placé dans le sens vertical ou dans le sens horizontal en face du roi de la partie adverse, il n'est séparé de celui-ci que de la longueur d'une case.

Passant (en). — Prendre en passant est un coup fort simple, quoique souvent négligé. Quand votre pion a été avancé à la cinquième case, et que votre adversaire, au premier coup, ayant avancé son pion de deux pas, comme il en a le droit, la fait ainsi passer par-dessus la case gardée par votre propre pion, vous pouvez le prendre *en passant* et placer votre pion à la case qu'il gardait tout à l'heure, comme si le pion de votre adversaire s'était avancé d'un pas au lieu de deux.

Un pion seul, et non une pièce, peut être pris *en passant ;* et l'adversaire, en tout cas, a le choix entre le prendre ou le laisser-passer s'il le juge préférable.

Prise (en). — Une pièce, petite ou grande, est *en prise*, lorsqu'elle est sérieusement attaquée par une autre.

Pat. — Le roi est *pat*, lorsque, cerné de partout, il ne peut bouger sans être mis en échec, ou que, de manière ou d'autre, il est dans l'impossibilité de se défendre. Dans ce cas, la partie est forcément remise.

Pion doublé. — Pion sur la même ligne qu'un autre pion de la même partie, qui, guidé par les conséquences d'une prise, vient occuper à son tour devant ou derrière le premier.

Pion isolé. — Expression pouvant se passer d'analyse.

Pion lié. — Pion soutenu immédiatement par un autre.

Pion passé. — Qui n'a de pion ennemi ni devant lui ni sur l'une ou l'autre des deux colonnes de droite et de gauche, de sorte que l'intervention d'une pièce est indispensable pour l'empêcher d'aller à dame.

Pion damé. — Le pion est à *dame* ou *damé* quand il est arrivé sans encombre à la huitième case de sa pièce. Dans ce cas, on ne le couvre pas d'un autre pion, comme aux *dames*, attendu que l'opération offrirait des difficultés insurmontables, mais le joueur auquel ce pion appartient peut dès lors l'échanger contre la pièce qu'il voudra, — excepté le roi, c'est-à-dire le transformer en reine, ou dame, en tour, etc., bien qu'il possède déjà ces pièces, et suivant les besoins de son jeu.

Remise ou *partie remise.* — Quand, soit par l'égalité des pièces de chaque côté, soit par leur disposition, le *mat* est visiblement impossible, la partie est remise, — c'est-à-dire recommencée comme nulle.

Roquer. (De *rook*, tour, bien qu'en Angleterre on emploie plus fréquemment le mot *castle*, château, que le mot *rook*, pour désigner la pièce en question, et que la manœuvre dont nous allons nous occuper soit caractérisée par le terme *castling*, qui, dans ce sens, est synonyme de roquer). — Mouvement combiné du roi et de sa propre tour ou de celle de la dame.

Lorsque le roi et la tour, l'une ou l'autre, n'ont bougé de leur case, que tout l'espace qui les sépare est libre, que le roi n'est pas en échec, il peut *roquer*. S'il roque avec sa propre tour, il vient se placer auprès d'elle, à la case de son cavalier, et la tour, passant par-dessus lui, prend la place du fou du roi ; si c'est avec la tour de la reine, le roi est placé à la case du fou de la reine et la tour à la case de la reine.

Roquer, c'est jouer, — et jouer d'ailleurs en faisant mouvoir deux pièces d'un seul coup.

Trait. — Avoir le trait, c'est être le premier en jeu.

RÈGLES DU JEU D'ÉCHECS

I. — L'échiquier doit être placé de telle sorte que l'angle qui se trouve à la droite de chaque joueur renferme une case blanche.

II. — Si l'échiquier, par inadvertance, a été mal placé, le jeu devra être recommencé, mais il devra continuer si le quatrième coup a été joué de chaque côté avant qu'on se soit aperçu de l'erreur.

La même règle est applicable au cas d'erreur dans le placement des pièces.

III. — Le *trait*, c'est-à-dire le droit de jouer le premier, se tire au commencement. Il appartient ensuite à chacun des joueurs alternativement.

IV. — A moins de convention contraire, le gagnant devient, de droit, premier en jeu.

V. — Pièce touchée, pièce jouée. Une pièce placée ne peut plus se reprendre, à moins qu'elle ne découvre le roi.

VI. — Vous devez jouer la pièce que vous avez touchée; mais aussi longtemps que vous la tenez entre les doigts, l'eussiez-vous déjà placée, vous avez le droit de choisir définitivement la case où il vous plaira de l'abandonner.

Si vous touchez une pièce ou un pion qui ne se peut jouer, votre adversaire peut vous contraindre à jouer votre roi, à moins que celui-ci ne puisse bouger sans risquer l'échec.

Quand vous touchez une pièce dans le simple but de la redresser, vous devez en prévenir votre adversaire en disant : *J'adoube*.

VII. — Si vous faites faire une fausse marche à l'une de vos pièces, votre adversaire peut, à son gré, ou vous forcer à la retirer et à jouer votre roi, ou exiger que la pièce jouée faussement demeure où elle est, ou enfin vous laisser jouer régulièrement la même pièce.

VIII. — Si vous touchez par erreur une pièce de votre adversaire, celui-ci a le droit de vous forcer de prendre cette pièce, ou bien, si cette prise n'est pas possible, de jouer votre roi, pourvu qu'il puisse être joué sans être mis en échec.

IX. Si un roi était en échec, sans qu'aucun avertissement en ait été donné par la formule ordinaire : *échec au roi!* le joueur dont le roi serait attaqué de la sorte serait autorisé à ne pas tenir compte de la situation. Mais si, au coup suivant, l'adversaire découvre et annonce l'échec, le dernier coup de l'autre sera considéré comme nul.

X. — Si l'on ne s'aperçoit d'un échec au roi qu'après plusieurs coups joués, sans qu'il soit possible de les vérifier, le joueur dont le roi est en échec pourra, dès qu'il en sera

6

averti, reprendre sa dernière pièce jouée, la replacer à la
case qu'elle occupait précédemment et défendre l'échec.

XI. — Si l'on avait touché une pièce qui ne saurait être
déplacée sans que le roi fût mis en échec, il faut jouer le roi,
s'il peut l'être sans crainte d'échec; dans le cas contraire, on
jouerait une autre pièce et la faute n'aurait pas d'autre conséquence.

XII. — Le temps nécessaire pour jouer un coup n'est pas
limité; mais un joueur qui abandonnerait la partie avant
qu'elle fût terminée, sans l'assentiment de son adversaire, la
perdrait nécessairement.

XIII. — Quand, vers la fin du jeu, un joueur reste avec
une supériorité de force suffisante pour gagner, — comme
un roi et une tour, ou un roi et deux fous contre un roi
seul, — il devra faire *mat* l'autre roi en quinze coups joués
de chaque côté, à compter du moment où l'avis en est donné.
S'il n'y parvient pas, la partie est remise.

XIV. — Le pat et l'*échec perpétuel* entraînent forcément la
remise de la partie.

XV. — On ne peut *roquer* dans les circonstances suivantes :
si le roi a déjà été déplacé pendant le jeu; s'il est en échec
au moment de roquer ou si, en se déplaçant, il devait y
tomber; si la tour avec laquelle le roi doit roquer a joué précédemment; et si quelqu'une des cases que le roi doit franchir est gardée par une pièce ou un pion de l'adversaire.

XVI. — On ne peut roquer qu'une fois dans le cours d'une
partie.

XVII. — Lorsqu'on a touché le roi ou la tour dans l'intention de roquer et qu'on ne le fait pas, l'adversaire peut,
à son gré, forcer de jouer le roi ou la tour; et, si c'est le roi,
celui-ci ne pourra plus roquer dans la suite.

XVIII. — Aucune pénalité n'est encourue pour une fausse
marche imprimée à une pièce, si l'adversaire a joué sur le
coup faux ou manqué de le signaler.

XIX. — Annoncer à voix haute *échec au roi* n'engage pas
rigoureusement à le donner, à moins que le joueur qui l'a
annoncé ait complété le coup en abandonnant sur une case
la pièce qu'il tenait; cela ne l'oblige pas davantage à jouer
une pièce quelconque qu'il n'a pas touchée. Mais si, dans
son empressement à parer l'échec annoncé, l'adversaire a
déjà porté la main sur son roi ou sur toute autre pièce, il a
le droit de ne point jouer les pièces touchées.

XX. — Lorsque l'un des joueurs aura joué deux coups de suite, son adversaire pourra, à son choix, soit lui faire remettre son second coup, soit jouer deux coups de suite à son tour.

XXI. — Le joueur qui donne à son adversaire l'avantage d'une pièce peut la retirer d'un côté ou de l'autre du roi, à son choix ; mais si l'avantage est seulement d'un pion, ce sera le pion du fou du roi qu'il devra retirer de son jeu, à moins, bien entendu, de convention contraire.

XXII. — Le joueur qui reçoit l'avantage d'un certain nombre de coups ne doit pas jouer plus loin que sa propre moitié de l'échiquier.

XXIII. — Celui qui donne avantage à l'autre a, de droit, le trait, à moins qu'il n'en soit autrement convenu.

XXIV. — Si quelque contestation s'élève à propos d'une question qu'aucune loi n'a prévue, ou sur l'interprétation d'un article du règlement ci-dessus, les joueurs en référeront aux spectateurs désintéressés, dont la décision devra être considérée par eux comme parfaitement concluante et sans appel.

Ces notions du jeu des échecs suffiront, croyons-nous, à familiariser tout commençant avec les termes qui y sont en usage, la valeur des pièces et l'importance des différents coups, — sans parler des règles fondamentales imposées aux joueurs : — c'est tout ce que peut faire la théorie, et c'est beaucoup. Il y a, nous le savons, des recueils de coups qu'à la rigueur on pourrait suivre sur l'échiquier, mais sans se rendre compte de la tactique indiquée, en s'empressant d'oublier, à mesure qu'on avancerait une pièce, la raison de ce mouvement et sans se douter le moins du monde de ce qui fût arrivé dans un cas différent.

Ces recueils n'intéressent réellement que les joueurs qui ont déjà une longue pratique, à qui ils offrent souvent l'occasion d'exercer leurs critiques, ou le plaisir, infiniment plus chrétien, d'apprendre quelques combinaisons vraiment savantes et surtout nouvelles dont ils n'avaient pas d'idée.

Dans les mains d'un débutant, un tel recueil aurait un tout autre effet : d'abord il n'y comprendrait rien ; ensuite, s'il se décidait pourtant à suivre ses instructions, son goût pour les échecs ne tarderait guère certainement à en recevoir un rude coup.

Donc les notions théoriques les plus élémentaires possible et une pratique sérieuse, telles sont les conditions pour devenir un joueur d'échecs promptement habile.

Une méthode différente ne sera jamais bonne qu'à faire un *automate joueur d'échecs* infiniment plus réel que celui de M. de Kempelen.

LE BILLARD

Le billard est un jeu trop répandu en France, malgré l'impôt dont il est depuis peu frappé, pour que nous croyions utile de décrire le meuble sur lequel il se joue et les accessoires indispensables à chaque joueur.

Nous appellerons toutefois l'attention sur les divisions et, si nous pouvons dire, la ponctuation d'une table de billard, sans toutefois nous arrêter à indiquer l'emplacement des *blouses* qui, dans la plupart des billards d'aujourd'hui, brillent par leur absence ou sont impitoyablement condamnées, — ce qui est tout un, — nous dirons cependant pourquoi tout à l'heure.

Il faut donc remarquer avant tout dans un billard d'abord les *mouches*, au nombre de trois, placées sur une ligne perpendiculaire divisant le tapis en deux parties égales, dans le sens de sa longueur, l'une au centre même, les deux autres à égale distance de chacune des deux bandes extrêmes du billard, mesurant environ le cinquième de sa longueur totale.

Il y a ensuite le *quartier*, partie du billard sur laquelle on joue au début, séparée du reste par une ligne, appelée *corde*, tracée d'une bande latérale à l'autre en passant par la mouche du bas, laquelle est prise pour centre d'un *demi-cercle* qui a aussi son rôle.

Sur cette mouche du bas, on place une des billes blanches, quand on débute, ou que cette bille, jetée hors du billard ou mal à propos dérangée, doit y être replacée ; sur la mouche du haut est la place de la bille rouge ; la seconde bille blanche reste en main du joueur qui la place sur un point quelconque du demi-cercle dont la mouche du bas forme, comme nous l'avons dit, le centre.

Le jeu de billard a d'assez nombreuses variétés, dont les principales sont le *même* ou *partie blanche*, la *partie de bricole*, le *doublé*, la *partie aux quilles*, la *partie russe*, les diverses variétés de *poules* et le *carambolage*.

Bon nombre de ces variétés du jeu de billard sont tombées en désuétude, et notamment la *partie au même* est si profondément négligée aujourd'hui, que la plupart des billards, surtout dans les établissements publics, sont, ainsi que nous l'avons déjà dit, privés de *blouses*. La partie de *carambolage* règne donc à peu près sans partage, étendant son empire jusqu'au fond des bourgades les plus modestes et les plus ignorées.

Nous croyons que nous ferons bien de donner immédiatement les règles générales du jeu de billard, s'appliquant à toutes ses divisions avec ou sans l'addition de dispositions spéciales dont nous parlerons d'ailleurs en temps opportun.

RÈGLES DU JEU DE BILLARD

Les joueurs commencent par *donner leur acquit*, c'est-à-dire par tirer à qui jouera le premier, ou plutôt à qui commandera. On prend une bille blanche que l'on place dans le demi-cercle dont nous avons parlé, et on la pousse avec la queue de manière à ce qu'elle aille heurter la bande du haut, qui la renvoie vers la bande du bas. Le joueur dont la bille ainsi conduite approchera le plus près de cette dernière bande aura le droit de choisir s'il veut jouer le premier ou faire jouer son adversaire avant lui, — excepté s'il a heurté de sa bille la bille de son adversaire, auquel cas c'est celui-ci qui aurait le droit de commander.

Un joueur doit toujours avoir le corps et les deux pieds *dans le billard*, — c'est-à-dire qu'il ne doit pas dépasser, fût-ce du bout du pied ou du coude, la ligne des bandes latérales du meuble, — et au moins un pied posé à terre. Mais c'est à l'adversaire à tenir à l'exécution de cette règle. S'il laisse jouer, le coup sera bon ; s'il proteste et que le joueur rappelé à l'exécution du règlement ne tienne aucun compte de cette protestation, le coup sera nul, les billes replacées, et le joueur récalcitrant mis à l'amende d'un point.

Celui qui jouerait avec la bille de son adversaire sans que l'observation lui en fût faite ne serait passible d'aucune pénalité et le coup joué serait bon ; mais, s'il avait été prévenu à temps, il serait à l'amende de trois points et les billes demeureraient où les aurait placées le coup indûment joué.

Le joueur qui donnerait un second coup de queue à sa

bille, l'ayant poussée une première fois, ce qui s'appelle *billarder*, perdrait un point ; si le coup lui en avait produit, ils ne seraient pas marqués.

Celui qui *queute* est soumis à la même règle et passible de la même pénalité.

Il en est également de même pour celui qui manque de touche, à moins de convention contraire.

Un joueur qui dérange une bille perd un point et l'avantage du coup.

Si la bille dérangée l'est par celui qui vient de jouer, et avant qu'elle ne soit arrêtée, celui-ci est à l'amende de trois points, s'il n'a rien fait ; s'il a fait des points, c'est son adversaire qui les marque. La bille dérangée sera ensuite replacée, la rouge sur sa mouche, une des blanches en main.

Le coup joué avant que les billes soient complétement arrêtées est nul, et celui qui l'a joué perd un point.

L'action de souffler sur une bille en marche est punie de la perte d'un point et de la remise en main de la bille du joueur coupable.

Celui qui fait sauter sa bille hors du billard, sans avoir préalablement touché la bille sur laquelle il jouait, perd deux points si cette bille est la blanche, et trois, si c'est la rouge. — Cette règle ne s'applique pas au carambolage.

Deux billes qui, vérification faite, se touchent, doivent être remises en main.

Une bille qui tombe dans la blouse sans y avoir été poussée, simplement parce qu'elle en était trop près, est remise en place aussi exactement que possible, et le coup, s'il se décidait au même moment, sera recommencé.

Deux billes arrêtées sur l'orifice d'une blouse, et s'empêchant l'une l'autre d'y tomber, sont réputées dedans.

La galerie a le droit de rappeler à un joueur qu'il oublie de marquer ses points ; elle a également le droit de juger les coups imprévus. S'il n'y a point de galerie, le maître du billard sera juge entre les joueurs.

Lorsqu'il y a une première partie gagnée et perdue, le droit de jouer ou de commander passe au perdant et ainsi de suite.

PARTIE DE CARAMBOLAGE

On sait ce que signifie le terme *caramboler* : c'est toucher alternativement les deux autres billes avec la sienne. La partie de carambolage est la plus ordinairement pratiquée ; elle est aussi la plus simple en théorie, mais, comme pour tout jeu où l'adresse est tout, une pratique assidue est indispensable pour faire un bon joueur au carambolage.

On joue le carambolage sur un billard sans blouses (au cas, bien rare aujourd'hui, où on n'en aurait pas, toutes les fois que les billes tomberaient dans une blouse, le coup serait nul) avec trois billes, une rouge et deux blanches.

La partie est faite en un nombre de points préalablement convenu, ordinairement vingt ou trente. Chaque carambolage compte pour un point à celui qui le fait, et il n'a pas d'autre gain que celui-là ; mais il peut continuer de jouer tant qu'il réussit à caramboler.

L'important est donc de jouer de sorte à se ménager un nouveau carambolage après celui qu'on vient de faire, tout en se gardant bien, dans le cas de non succès, de livrer trop beau jeu à son adversaire, ce qui arrive fréquemment.

RÈGLES SPÉCIALES AU CARAMBOLAGE

Le premier en main, les billes placées comme nous l'avons indiqué plus haut, joue sur la rouge ; il ne peut jouer sur la blanche qu'après avoir touché la bande du haut.

Quand la bille du second joueur est placée sur la mouche, il peut jouer, à son choix, sur la rouge ou sur la blanche.

Lorsque, un joueur s'apprêtant à jouer, les deux autres billes sont dans le quartier, la rouge doit être placée sur sa mouche, l'autre reste où elle se trouve.

Une bille lancée hors du billard, après avoir carambolé, est relevée et placée dans le demi-cercle ou sur la mouche qui en est le centre. Le carambolage est bon, et le joueur continue à jouer comme si de rien n'était.

Les manques de touche n'entraînent aucune pénalité.

Un joueur cède son tour à son adversaire lorsque, ayant joué, il n'a pas réussi à caramboler ; il peut aussi être contraint à céder son tour en punition d'une infraction au règlement ou d'une faute quelconque.

Les billes brouillées, après un carambolage que le joueur qui les a dérangées croyait le dernier, sont replacées approximativement aux places qu'elles occupaient auparavant, par l'adversaire de ce joueur ; mais celui-ci n'encourt aucune pénalité son carambolage lui est compté et il continue de jouer.

THÉORIE DU JEU DE BILLARD EN GÉNÉRAL ET DU CARAMBOLAGE EN PARTICULIER

C'est seulement par la pratique qu'on peut espérer devenir un habile joueur de billard. Cependant quelques notions théoriques y prépareront efficacement.

Il est nécessaire avant tout d'avoir toujours présente à l'esprit cette loi physique immuable qui veut que l'angle de réflexion soit égal à l'angle d'incidence dans la marche de tout corps quelconque *réfléchi* par un autre corps. Nous avons déjà fait ailleurs[1] ce rapprochement de la réflexion d'une bille de billard heurtant une autre bille ou la bande, avec le phénomène de la réflexion des rayons lumineux, calorifiques ou sonores; nous n'y reviendrons pas; mais nous expliquerons ce qu'il faut entendre par angle d'incidence et angle de réflexion, et cela de la manière la plus simple, par un exemple.

Lorsqu'un joueur pousse sa bille perpendiculairement à la bande, la bande la renvoie, ou la *réfléchit*, droit à son point de départ. La ligne qu'elle a tracée à l'aller formait un angle droit avec la ligne de la bande du haut, s'étendant du point où la bille a frappé à la bande latérale droite : c'est l'angle d'incidence; au retour, n'ayant point dévié, la ligne qu'elle a parcourue formait nécessairement un angle droit avec la ligne de la bande s'étendant du même point à la bande latérale gauche : c'est l'angle de réflexion. Si, au lieu de la pousser perpendiculairement, le joueur pousse sa bille obliquement, il formera un angle d'incidence plus ou moins aigu, que l'angle de réflexion reproduira mathématiquement.

On comprend l'importance qu'il y a à ne point oublier cette loi, qui ne souffre d'exceptions que quand la bande rend faux. Rien n'est plus facile, dès lors, de toucher une bille placée presque en quelque endroit du billard que ce soit, avec sa propre bille, en touchant préalablement la bande : il suffira d'un coup d'œil sûr et d'un poignet ferme.

Cette même loi s'applique naturellement au choc des billes entre elles, quand la bille du joueur, prise dans le milieu, file droit et se borne à heurter la bille adverse, sans autre finesse.

---

1. CURIOSITÉS DE L'ACOUSTIQUE. — Échos et résonnances. (*Chronique musicale*, 15 juillet et 1er août 1874.)

Mais cette application n'a point de conséquences pratiques d'une utilité aussi incontestable.

Pour faire revenir sur elle-même une bille après qu'elle en aura heurté une autre, il faut la frapper très-bas avec la queue et retirer vivement celle-ci, de peur que la bille en revenant ne la touche et ne s'arrête. En la frappant au contraire très-haut, la bille, après avoir touché l'autre, la suivra dans sa marche. En touchant la bille d'un côté ou de l'autre, on la fait revenir vers ce même côté, en décrivant une courbe légère qu'on accentue d'autant plus qu'on la frappe plus bas.

Masser est une autre finesse du jeu qui consiste à frapper, la queue presque perpendiculaire, d'un coup sec, une bille collée contre la bande.

Il existe encore nombre d'autres procédés habiles que la théorie ne pourrait qu'indiquer, mais non enseigner. Il serait donc bien inutile de nous y appesantir.

LA POULE

Un certain nombre — égal au nombre de joueurs, qui peut être assez grand — de boules numérotées, ayant été mises dans un panier de forme particulière, on les agite pour bien les mêler et on les distribue une à une à chaque joueur.

Sur le billard, il n'y a que deux billes.

Le joueur qui a reçu le numéro 1 en prend une et donne l'acquit. Pour cela, il pousse la bille vers la bande du haut, de manière à l'en rapprocher d'assez près, sans toutefois la toucher. Il faut que cette bille dépasse les blouses du milieu, pour que l'acquit soit bon; si elle ne le fait pas, elle est placée à *la pénitence*, c'est-à-dire sur la petite mouche du haut. Le joueur lui-même peut mettre sa bille à la pénitence, s'il juge qu'elle va être mal placée, mais seulement tant qu'elle n'est pas arrêtée.

Le numéro 2 joue alors sur l'acquit avec la seconde bille; le numéro 3 joue ave la première, et ainsi de suite.

Après chaque bille faite, s'il n'y a que deux joueurs, c'est celui qui l'a faite qui donne l'acquit; s'il y en a davantage, c'est le numéro suivant.

Tout joueur dont la bille est faite ou qui, en jouant, ne touche pas la bille ou *se perd*, c'est-à-dire envoie sa propre bille dans une blose, est marqué d'un point.

Sont marqués également d'un point : celui dont la bille saute hors du billard, celui qui manque de touche, celui qui donne des conseils à un joueur, celui qui dérange une bille ou l'arrête lorsqu'elle est en marche.

Lorsqu'un joueur a été marqué d'un nombre de points déterminé, il est *mort*, c'est-à-dire hors du jeu.

Ce nombre de points est généralement fixé ainsi lorsqu'il y a un grand nombre de joueurs : les six premiers meurent en quatre points; la seconde demi-douzaine, en trois points; de douze à vingt, il n'en faut plus que deux; et au-dessus, un seul. Lorsqu'on n'est qu'un nombre restreint de joueurs, trois ou quatre points sont les chiffres qui entraînent ordinairement la mort.

Un joueur dont la bille est morte peut en racheter une autre s'il en trouve une à vendre; mais celui qui la lui vend ne peut en racheter une autre dans la même poule.

Le joueur dernier survivant gagne la *poule*, qui se compose naturellement des enjeux de chacun.

EXPRESSIONS SPÉCIALES AU JEU DE BILLARD

Billarder. — Frapper deux fois de suite sa bille avec sa queue pour la pousser.

Bloquer une bille. — L'envoyer dans une blouse par suite du choc donné par sa propre bille.

Blouser (se). — Envoyer sa propre bille dans une blouse.

Cadette. — Queue de dimensions plus considérables, dont on se sert pour les coups éloignés.

Chouette (faire la). — Jouer seul contre deux, en faisant deux coups pendant que chacun des deux adversaires n'en fait qu'un.

Coller. — Conduire, par son jeu, une bille tout près d'une des bandes.

Contre. — Choc double de deux billes, revenues par *contre-coup* l'une sur l'autre.

Coup dur. — Frapper d'aplomb avec sa bille une bille collée contre la bande, de manière que celle-ci demeure à sa place tandis que l'autre revient sur elle-même.

Fausse queue. — On fait fausse queue lorsque, au lieu de frapper sa bille d'aplomb avec sa queue, on ne l'atteint qu'avec l'angle du *procédé*, ce qui lui fait prendre une fausse direction.

Masser. — Frapper sa bille d'un coup sec, la queue tenue presque perpendiculaire.

Masse. — Gros bout de la queue.

Pénitence. — Mettre une bille *à la pénitence*, c'est la placer sur la mouche du haut près de la bande.

Perdre (se). — Voir *Blouser (se)*.

Procédé. — Plaque de cuir qui garnit le petit bout d'une queue de billard.

Queuter. — Pousser sa bille avec sa queue après l'en avoir frappée déjà.

Talon. — Gros bout de la queue, ordinairement garni d'une plaque d'ivoire.

PRESTIDIGITATION — TOURS D'ADRESSE

Il est de ces tours d'adresse qui exigent l'emploi d'appareils très-compliqués, et dont toute l'adresse doit être mise au compte du mécanicien qui a construit l'appareil, ou de celui qui l'a inventé bien plutôt qu'à celui du soi-disant prestidigitateur, lequel ne remplit alors qu'un rôle analogue à celui du joueur d'orgue de Barbarie, instrument autrement *magique* que bien des systèmes de boîtes et de gobelets à double fond dont les possesseurs passent à si peu de frais pour sorciers.

Certains de ces appareils coûtent fort cher et sont loin de répondre à l'idée qu'on s'en était faite, lorsque la « manière de s'en servir » vous est enfin dévoilée par le marchand; et de même que le grand Frédéric, devenu propriétaire, moyennant une grosse somme, du fameux automate joueur d'échecs de Kempelen, il n'est pas rare qu'on soit quelque peu tenté de jeter l'instrument au feu après en avoir chèrement payé la possession.

Ce ne sont point ces tours tout faits, pour ainsi dire achetés de confection, que nous enseignerons à nos lecteurs; aussi bien, on comprend qu'ils n'ont pas besoin d'être enseignés; mais quelques tours curieux, étonnants, dont l'exécution n'exige que des accessoires tout à fait élémentaires, n'entraînant qu'une mise de fonds insignifiante, excepté en monnaie de singe.

⁂ La plupart de ces tours, disons-le tout de suite, ne pour-
ront être exécutés qu'après une pratique sérieuse et répétée,
et ne réussiront à faire illusion au spectateur difficile que
s'ils sont accompagnés, outre l'habileté nécessaire de l'opérateur, d'une parole vive et colorée, sachant faire heureusement diversion, distraire l'attention trop soutenue du spectateur par des contes bleus, des traits d'esprit, toute la menue
monnaie, en un mot, si largement dépensée par les prestidigitateurs de profession, pour payer la bonne disposition de
leur public et lui jeter autant de poudre aux yeux qu'il
est possible à la faible nature humaine d'en supporter.

Dame! quand on veut remplir un rôle, il faut le remplir
tout du long, ou l'on court à un échec inévitable, malgré
toute l'habileté possible.

Nous commencerons par les « tours de carte », qui peuvent
assurément figurer parmi ceux qui réclament le moins l'emploi d'appareils compliqués et coûteux.

⁂ Quant aux *tours* dont l'exécution constitue proprement une expérience scientifique, comme ils sont d'un ordre
tout à fait spécial, autrement élevé que celui des tours dont
nous allons immédiatement nous occuper; qu'ils ne parlent
pas seulement aux yeux, mais à l'esprit; que c'est généralement une découverte scientifique décisive, féconde en résultats importants, qui leur a donné naissance, et qu'ils portent
encore avec eux un enseignement utile en même temps
qu'ils produisent un phénomène amusant, nous avons jugé
qu'une place particulière leur était bien due, et leur avons
ouvert un chapitre spécial qui fera suite au chapitre actuel.

[TOURS DE CARTES

Faire sauter la coupe. — Faire sauter la coupe est
une opération nécessaire dans bien des tours de cartes autres
que celui qui consiste à gagner à coup sûr un joueur naïf ou
simplement honnête et confiant; c'est pourquoi nous allons
tâcher de le décrire de manière à ce que, avec une pratique
assidue de quelques jours, de la patience et tant soit peu d'habileté native, on parvienne à apprendre, *sans maître*, ce principe fondamental de beaucoup des *tours* qui suivront.

Prenez votre jeu de cartes dans la main gauche, les figures

tournées vers la paume de la main, et introduisez-y le petit doigt de manière à former deux paquets distincts — pour vous seulement, bien entendu. — Portez ensuite votre main droite sur le jeu, puis, abaissant les doigts de cette main, serrez le paquet de dessous, seul, entre le pouce et le doigt du milieu ; par contre, vous serrerez le paquet de dessus entre le petit doigt d'une part, l'annulaire et le médius de l'autre, de votre main gauche, et l'attirerez doucement pour le faire passer dessous.

** Nous le répétons, il importe, pour opérer avec adresse, de pratiquer dans le silence du cabinet, avant d'affronter la lumière de la publicité et les traits envenimés de la critique jalouse, jusqu'à ce qu'on soit entièrement satisfait soi-même de l'exécution. Ce résultat s'obtient habituellement en une semaine d'exercice au plus.

Forcer la carte. — Cette opération demande beaucoup de tact et de finesse et aussi une faconde peu commune, où le spectateur puise la plus agréable et la plus décevante distraction Il s'agit en effet de faire prendre, en quelque sorte malgré lui, une carte connue à « quelqu'un de l'aimable société ».

La *carte forcée* n'est pas seulement une manœuvre préparatoire, elle est, à elle seule, un tour des plus glorieux pour l'opérateur ; car il est clair qu'en forçant habilement, sans qu'il s'en doute, comme de raison, un spectateur à prendre dans un jeu que vous lui présentez une carte qui vous est connue, rien ne vous sera plus facile que de *deviner* la carte *choisie* par cette personne. D'audacieux opérateurs vont même jusqu'à *prédire* quelle sera cette carte, — non à haute voix, mais tout bas, — confiant au conduit auditif d'un autre spectateur bénévole ce secret peu terrible, mais très-certainement merveilleux.

** Tout en battant vos cartes sans affectation, vous avez soin d'en remarquer une, celle de dessous, par exemple, que dès lors vous ne perdrez pas de vue ; que vous retiendrez au besoin à l'aide de votre petit doigt, tout en battant les cartes, de manière à être bien sûr, le moment venu, de la place qu'elle occupe ; ou bien, si vous avez choisi la carte de dessous, faire sauter la coupe pour la faire venir au milieu du jeu, où vous la maintiendrez sûrement du petit doigt.

Vous invitez alors quelqu'un de la société, dont l'attitude indique qu'il n'y mettra aucune malice et que vos exercices l'intéressent bonnement, à choisir une carte *au hasard* dans le jeu que vous lui présentez, ayant soin de lui glisser en quelque sorte la carte que vous connaissez entre ses doigts prêts à se refermer. — C'est, nous le répétons, une question de tact qu'un habile opérateur, s'inspirant des circonstances, ne manquera pas de résoudre à son avantage.

La carte ainsi choisie, vous priez votre compère sans le savoir de la placer dans le jeu que vous lui mettez entre les mains, et de le battre à satiété lorsque la carte y aura été introduite par lui.

Il est évident qu'il pourra le battre pendant vingt-quatre heures sans pouvoir vous empêcher de deviner quelle est cette carte « choisie au hasard ».

Deviner la carte choisie, quoiqu'elle n'ait pu être forcée. — Comme il se peut que vous vous adressiez à une personne qui, malgré des dehors pleins de bonhomie, connaisse votre tour, ou qui, mue simplement par un sentiment de défiance instinctif, s'ingénie à vous créer des difficultés et, dans le cas présent, s'entête à choisir une autre carte que celle que vous lui offrez si complaisamment, il faut bien que vous vous teniez en garde contre cette fâcheuse éventualité.

Nous allons tâcher de vous en fournir les moyens.

** Supposons que la carte que vous vouliez forcer à prendre est l'as de cœur. Votre spectateur contrariant préfère en choisir une autre quelconque, en dessus ou en dessous; vous le laissez faire sans vous émouvoir, tenant votre as de cœur dédaigné sous votre petit doigt.

Aussitôt qu'il a choisi sa carte, vous glissez les quatre doigts de la main gauche entre l'as de cœur et les cartes qui le suivent immédiatement en dessous, en serrant les cartes du côté exposé à la vue du public, pour qu'il ne voie pas vos doigts, et vous priez votre homme de replacer la carte qu'il a choisie et vue dans le paquet, à quelque endroit qu'il voudra, en ouvrant le paquet en même temps à l'endroit où se sont glissés vos quatre doigts, que vous retirez précipitamment, de peur qu'il ne les aperçoive, dès que vous êtes assuré que la carte se trouve placée sous l'as de cœur, ce qui est immanquable.

Alors vous battez légèrement vos cartes, car en les battant trop, ou trop vivement, il y aurait à craindre que les deux

cartes qui se trouvent maintenant ensemble ne fussent séparées,
et le coup serait manqué.

Demandez ensuite à celui qui a choisi la carte incon-
nue s'il pense que cette carte se trouve présentement dans
le paquet. — Naturellement, il répondra *oui*. Alors, tout
en assurant que vous en doutez, vous jetez les cartes, une à
une, à découvert sur le tapis, depuis la première jusqu'à la
dernière; après quoi vous demandez de nouveau à la personne en question si elle a vu passer sa carte. Elle répondra
par l'affirmative, comme de juste; et vous le savez bien, puisque vous aussi vous l'avez vue.

C'était nécessairement la carte qui suivait l'as de cœur, —
et vous la lui nommez, soit immédiatement, soit après quelques petits tours supplémentaires ou un discours bien approprié sur la puissance de divination merveilleuse que vous a
départie la nature. — Ce sont choses que nous laissons à
votre appréciation.

Mais nous insistons sur ce point-ci, que ce tour est immanquable, s'il est exécuté avec un peu de soin.

*** S'il a réussi, on peut reprendre le précédent, c'est-à-
dire celui de la carte forcée, qui, en toute sincérité, a parfaitement manqué, mais sans vous laisser en défaut. Vous
êtes sûr cette fois de le réussir, eussiez-vous l'audace d'offrir
à la même personne de choisir au hasard une carte dans le
jeu. Convaincue de l'inutilité de finasser avec un magicien
de votre force, il n'est pas douteux qu'elle ne se laisse mettre
docilement dans la main la carte que vous voudrez.

On comprend, en outre, que ce tour admet toutes sortes de
modifications qu'un esprit fertile ne manquera pas de lui
imposer, et qu'il constituera une vraie mine de tours de
cartes très-plaisants.

La carte reconnue à son poids. — Vous prenez
dans un jeu de cartes quatre cinq, six figures, plus ou moins;
vous les étalez sur la table à découvert, et vous annoncez à
la société, avec toute la solennité que comporte une pareille
déclaration, que vous allez vous retirer dans la pièce voisine,
pendant qu'une personne retournera une ou plusieurs des
figures que vous venez de disposer, c'est-à-dire les changera
de bout, mais en les laissant à découvert (ces cartes étant naturellement des figures à doubles têtes), et qu'à votre retour
vous indiquerez celles qui auront été retournées, rien qu'à la
différence du poids.

Vous pouvez même offrir qu'on vous bande les yeux, pourvu qu'on vous rende l'usage de la vue quand l'opération sera terminée et qu'il vous restera à faire acte de divination.

A votre retour, en effet, sans avoir vu s'opérer la modification convenue, vous reconnaissez à coup sûr, en les soupesant avec affectation, les cartes qui auront été retournées.

.*. Ce tour n'exige pas une étude approfondie sur la pesanteur relative de chacune des figures d'un jeu de cartes; il suffit pour l'amener à bien de savoir que chaque figure est encadrée d'un filet noir, laissant *toujours* une marge plus large d'un côté de la carte que de l'autre. En conséquence, vous placez vos figures de manière que la marge la plus large, se trouve à toutes dans le même sens ; et il est évident que dès qu'on en aura retourné une ou deux, la marge étroite de celles-ci se trouvera dans le sens de la marge large des autres.

Mais il est préférable de dire que c'est à leur poids que vous les avez reconnues, ou à leur parfum, ou à telle autre particularité que vous pouvez prêter impunément à chacune de ces cartes en particulier, que d'avancer ingénument que c'est du premier coup d'œil.

Deviner une carte pensée secrètement dans l'un des trois paquets que l'on vient de préparer. — Prenez un jeu de piquet, renversez-le dans votre main gauche, de manière à laisser voir nettement aux spectateurs la face de chaque carte qui passe, et annoncez que vous allez disposer, en trois tas, un certain nombre de cartes parmi lesquelles vous priez une personne de la société de vouloir bien en choisir une du regard, et la conserver dans sa mémoire une minute.

Toutes choses entendues, vous faites trois tas, de sept cartes chacun, en opérant comme si vous distribuiez les cartes, une à une, à trois joueurs, c'est-à-dire en jetant d'abord trois cartes comme commencement de trois tas, couvrant la première de la quatrième, et ainsi de suite jusqu'à ce que vous ayez sept cartes dans chaque paquet; au total, vingt et une cartes sur le jeu. Le reste est mis de côté comme inutile.

Cela étant, vous priez la personne qui a accepté de choisir une carte parmi celles que vous avez ainsi fait passer sous ses yeux, de vous dire dans quel paquet se trouve cette carte, et lorsqu'elle vous a indiqué ce paquet, vous ramassez sans affectation vos trois paquets l'un après l'autre, ayant soin de

7

placer au milieu celui des trois dans lequelle la présence
de la carte choisie vous a été révélée.

Ayant vos trois paquets réunis dans votre main gauche,
vous recommencerez à en former trois tas de sept cartes de
la même manière que précédemment ; puis, de nouveau, vous
vous informez de celui où se trouve la carte choisie. Votre
curiosité satisfaite une fois de plus, vous reprenez vos paquets
de cartes, celui qui contient la carte recherchée toujours au
milieu, et vous recommencez une troisième fois la distribution en trois tas, la question relative à la situation de
la carte à retrouver et la réunion des trois tas, celui où
se trouve la carte choisie toujours au milieu des deux
autres.

Mais ici la scène change ; au lieu de recommencer à faire
vos trois paquets, vous vous bornez à jeter une à une sur la
table chaque carte à mesure qu'elle se présente, jusqu'à la
onzième, qui est infailliblement la carte pensée et retenue.

*** Nous avons indiqué de manipuler, dans ce tour, les
cartes à découvert ; c'est surtout pour qu'il soit plus facile
aux spectateurs de les voir, et à la personne priée d'en choisir
une de saisir parfaitement les contours de la carte qu'elle
choisira. Il est clair que c'est là l'important, que le reste
n'est rien.

On en sera d'autant mieux convaincu si l'on réfléchit qu'en
dernière analyse la carte se trouve exactement dans le milieu
du paquet total, étant la onzième sur vingt et une, la onzième
par conséquent en dessus comme en dessous.

Le même dans quatre paquets. — Prenez dans le
jeu vingt-quatre cartes au lieu de vingt et une, et faites-en
quatre paquets de six, au lieu de trois paquets de sept cartes.

Agissez pour le reste comme dans le tour précédent, ayant
soin de placer, toutes les fois, le tas où se trouve la carte choisie le second.

La dixième carte sera, en fin de compte, la carte cherchée.

**Deviner la carte qu'une personne a tirée du
jeu, puis replacée dedans, et l'y découvrir à
travers un mouchoir.** — Vous faites choisir une carte
à quelqu'un, n'importe laquelle, vous n'avez aucun besoin de
la connaître. Après que la personne qui a tiré cette carte l'a
examinée à loisir, ce à quoi vous l'engagez instamment, tout en
battant négligemment les cartes, vous la priez de la remettre
dans le milieu du paquet, où vous préparez une ouverture,

pour la recevoir, laissée entre-bâillée de votre côté, grâce à l'introduction du petit doigt.

Une fois la carte réintégrée dans le jeu, vous faites sauter habilement la coupe ; et cette carte, au lieu d'être au milieu, se trouve maintenant la première sur le paquet.

Alors vous posez vos cartes sur la table, vous les recouvrez d'un mouchoir et vous annoncez que vous allez, sans la connaître — et d'ailleurs, si vous la connaissiez, sans pouvoir distinguer ni elle ni les autres, puisque l'interposition du mouchoir vous en empêche évidemment, — retrouver la carte en question. Et, en effet, vous posez votre main sur le paquet de cartes ainsi recouvert et saisissez tout d'abord la première des cartes du jeu ; puis vous bouleversez tout le paquet, feignant la recherche laborieuse et pénible d'une aiguille dans une botte de foin.

Enfin vous poussez une exclamation de triomphe, et, élevant la main, vous relevez d'un mouvement brusque les coins flottants du mouchoir, et découvrez aux spectateurs stupéfaits la carte qui s'y trouve et qui est bien celle qui a été tirée du jeu, puis remise au milieu un moment auparavant.

Deviner le nombre de points additionnés de trois cartes formant le dessous de trois paquets différents. — Prenez un jeu de piquet, de trente-deux cartes, et, après avoir rappelé qu'au piquet l'as vaut onze points, les figures, comme le dix, dix points, et les autres les points qu'elles indiquent, vous priez une personne de la société de tirer de votre jeu trois cartes à son choix.

Les trois cartes choisies, vous prierez la personne qui les a tirées de les placer isolément sur la table, la face cachée, bien entendu, après avoir compté le nombre de points représenté par chacune d'elles, d'après l'ordre de valeur précédemment indiqué. Cela fait, vous lui remettez votre paquet de cartes, et lui demandez de vouloir bien placer sur chacune de ces trois cartes autant de cartes nouvelles, quelles qu'elles soient, qu'il en faut pour que leur nombre, ajouté au nombre de points de la carte qu'elles couvriront, forme quinze au total.

Par exemple, en supposant que l'une de ces trois cartes soit un *sept*, on placera dessus huit cartes quelconques (7 + 8 = 15); la seconde étant un *roi*, il faudra la couvrir de cinq cartes ; et la troisième un *as*, devra être couverte de quatre cartes seulement. Cela fait au total, remarquez-le, vingt cartes ôtées de votre jeu où il n'en doit plus nécessairement rester que douze.

Vous les remuez, les battez, les retournez, les examinez, les interrogez — mais surtout les comptez avec soin. Lorsque vous en connaissez bien le chiffre exact, vous ajoutez à ce chiffre le nombre 16.

Dans le cas qui nous sert d'exemple, nous disons 12 et 16 font 28 ; 28 est donc le chiffre des points additionnés des trois cartes placés sous les trois paquets préparés comme nous venons de le dire.

Ces trois cartes retournées nous donnent en effet :

Un sept..	7 points
Un roi.	10 —
Un as.	11 —
· Total.	28 points

*** Vous pouvez varier ce tour à l'infini et vous assurer qu'il comporte toutes les combinaisons, et qu'il est immanquable dans toutes, aux conditions indiquées.

Réunir les quatre as, quatre rois, quatre dames, etc., d'un jeu de piquet, le jeu ayant été coupé à la manière usuelle. — Prenez un jeu de piquet dont vous rangerez préalablement les cartes par rang de valeur : as, rois, dames, valets, dix, neuf, etc., visiblement sur la table, sans vous préoccuper des couleurs. Vos cartes ainsi rassemblées, faites couper le jeu par une personne obligeante et replacez les deux parties de votre jeu comme elles doivent l'être, sans la moindre supercherie.

Cela fait, vous développez devant vous une rangée de huit cartes, que vous couvrez alternativement de trois autres cartes, de manière à former huit paquets de quatre cartes chacune, lesquels contiendront infailliblement chacun quatre cartes semblables, depuis les quatre as jusqu'aux quatre sept.

*** Un jeu complet, de cinquante-deux cartes, peut être également employé à ce tour, avec cette seule différence que les paquets de quatre cartes seront au nombre de treize.

Les quatre rois. — Prenez un jeu de cartes quelconque, tirez-en ouvertement les quatre rois et secrètement deux basses cartes. Vous étalerez avec affectation les quatre rois sous les yeux des spectateurs, ayant bien soin par exemple qu'ils ne puissent voir les autres cartes, surtout lorsque, avant de placer vos rois sous le jeu, vous ferez glisser, entre le troisième et le quatrième, les deux cartes basses.

Cela fait, vous placez votre paquet de cartes sur le tapis, face en dessous, et vous annoncez que vous allez disséminer dans l'épaisseur du jeu, en les éloignant le plus possible l'un de l'autre, les quatre rois que tout le monde sait être les quatre dernières cartes de dessous et cependant les faire retrouver ensemble.

Vous reprenez alors votre paquet, vous en tirez la carte de dessous, que vous retournez par mégarde, pour mieux confirmer le spectateur dans l'idée que c'est bien un roi, et vous le placez en dessus ; vous prenez ensuite les deux cartes suivantes, que vous avez bien soin de ne pas laisser voir, celles-là, — par mégarde ou autrement, — que tout le monde croit être des rois et qui sont en réalité deux cartes basses, et vous les placez au hasard dans l'intérieur du jeu.

De cette façon, vous avez un roi sur le jeu et trois dessous, bien que pour tout le monde il n'y en ait qu'un à cette dernière place.

Vous faites couper — et, naturellement, cette coupe réunit les quatre rois, comme vous l'aviez prédit.

* On peut réunir de la même manière quatre autres cartes semblables : les as, les dames, les valets, etc.; le résultat est le même.

* Une autre méthode consiste à interposer trois cartes basses entre le dernier et le troisième roi, au lieu de deux.

Dans ce cas, c'est quatre cartes qu'on enlève du jeu au lieu de trois, et trois que l'on feint de perdre dans le milieu du paquet, de manière qu'il ne reste qu'un roi visible, soit dessus, soit dessous, en plus des trois rois insoupçonnés, qui attendent à l'extrémité opposée que la coupe intelligente d'un obligeant spectateur les réunisse à l'autre ; ce qui ne peut manquer, comme on pense.

A l'aide de six cartes connues, en deviner une septième dont la face est cachée. — Tout en battant et mêlant vos cartes, donnez un coup d'œil, sans en avoir l'air, à la carte qui occupe le dessous du paquet et l'occupera nécessairement encore lorsque vous cesserez de battre. En faisant habilement sauter la coupe, faites passer cette carte sur le jeu, tout en continuant de mêler aussitôt après, et placez sur la carte que vous connaissez, et qui se trouve maintenant en dessus,. un certain nombre d'autres cartes, — supposons six.

Placez alors votre jeu sur la table, la face sur le tapis; puis reprenez-le, laissant quelques cartes du fond pour former un premier tas, en faisant de la même manière un second un peu plus loin, en ainsi de suite jusqu'à sept tas; le septième, celui où se trouve la carte connue, recouverte de six autres cartes, plus épais que les autres.

Cela fait, vous prenez sur le septième paquet une première carte que vous examinez avec soin, paraissant vous livrer à un calcul mental des plus arides; placez-la ensuite à découvert sur le sixième paquet; prenez une seconde carte sur le septième tas, puis une troisième, puis une quatrième, une cinquième et enfin une sixième.

Après avoir bien étudié isolément ces six cartes, que vous avez placées à découvert les unes après les autres sur chacun des six tas auxquels vous n'avez rien emprunté, vous vous livrerez à une étude non moins sérieuse de leur valeur collective; puis vous annoncez que, si vos calculs sont exacts, ils vous permettent d'annoncer que la carte non retournée du septième tas est.. *telle*. — Et vous le prouvez en la retournant.

✱*✱ Si, au lieu de six cartes, vous en avez placé, sur celle que vous avez vue, huit ou neuf, il faudra naturellement faire neuf ou dix tas, et si vous n'en avez placé que quatre, cinq tas seulement. — Cela va de soi.

Deviner une carte choisie par une personne de la société, sans l'avoir certainement pu voir. — Ce tour débute exactement comme celui qui précède; c'est-à-dire que la principale chose à faire est de s'assurer d'un coup d'œil qu'elle est la dernière carte de dessous du jeu; mais il n'est même pas nécessaire de faire sauter la coupe : laissez tout bonnement votre carte vue dessous et ne vous en inquiétez que pour vous la rappeler.

Vous faites plusieurs paquets de votre jeu de cartes et vous priez une personne d'en choisir une sur l'un de ces paquets, de la regarder et de l'y replacer elle-même; et, enfin, de vouloir bien se la rappeler.

Cela fait, vous réunissez — en apparence au hasard — tous vos petits tas de cartes, ayant soin cependant de placer celui qui se termine par la carte que vous connaissez sur celui dont la carte de dessus a été choisie par votre obligeant spectateur.

Faites ensuite couper par la même ou par une autre personne.

Vous vous assurez en regardant franchement dessous (car à ce moment la chose est sans conséquence pour le plus méfiant des spectateurs) que la carte qui y est n'est pas celle que vous connaissez : supposons l'as de carreau. Alors vous comptez, en les découvrant une à une, les cartes du jeu, jusqu'à ce que vous rencontriez votre as de carreau ; la carte suivante sera celle qu'on a choisie.

*** Si, par un hasard extraordinaire, mais enfin possible, la coupe a séparé les deux cartes, celle que vous connaissez et celle qu'il vous faut deviner, vous le saurez en regardant, comme nous vous le recommandions tout à l'heure, le dessous du paquet avant de compter les cartes. Si la dernière carte est justement votre as de carreau, la coupe les a divisées et la carte choisie se trouve en conséquence la première en dessus.

Faire sortir les cartes d'un paquet au commandement. — Jetez avec indifférence votre jeu de cartes sur la table et priez un de vos spectateurs de vouloir bien vous accorder son aide pour le tour que vous annoncez : soit nommer d'avance toutes les cartes qu'il touchera une à une de votre baguette divinatoire, — que vous aurez soin de lui remettre : autrement, cela n'irait pas tout seul.

Le spectateur, s'il est méfiant, pourra mêler, battre, manipuler à loisir ce jeu de cartes enchantées ; — pourvu qu'il ne s'avise pas de les compter, c'est tout ce qu'il faut ; car vous aurez eu soin d'en retirer préalablement une qui sera, si vous le voulez bien, le sept de trèfle et que vous garderez avec les plus grandes précautions collée à la paume de votre main gauche.

Ces préparatifs achevés et votre innocent compère en garde, sa baguette à la main, vous le priez de toucher une carte au milieu du jeu disséminé sur la table, en appelant à haute voix : *sept de trèfle !*

La carte touchée vous vous en emparez, sans la laisser voir aux spectateurs, et vous la placez prestement derrière le sept de trèfle qui est dans votre main gauche, et si bien réunie à celle-ci qu'il semble que les deux cartes ne font qu'une. Cette seconde carte sera, supposons, l'as de cœur. Vous appellerez donc, lorsque votre aide touchera une seconde carte, l'as de cœur, et vous enverrez la carte touchée, qui pourra être, par exemple, le valet de pique, rejoindre les deux autres dans votre main gauche, et ainsi de suite.

Vous appelez ainsi, et faites sortir au commandement, six cartes, en continuant d'appeler pour le tour suivant la carte que vous venez de prendre sur l'indication de la baguette divinatoire et de la placer dans votre main avec les précédentes.

La sixième carte, de cette façon, est non-seulement inutile, mais gênante; vous la colloquez seule, comme précédemment le sept de trèfle, dans la paume de votre main gauche, bien cachée, et vous jetez les autres à découvert sur la table où les spectateurs peuvent s'assurer que ce sont bien les cartes que vous avez appelées et fait sortir du jeu.

*** Comme il n'est pas possible que vous vous trompiez, mais comme il ne l'est pas moins qu'un spectateur malin puisse chercher à vous tromper vous-même ou à faire croire à ceux qui n'ont pas pris la peine de fatiguer leur mémoire à se rappeler les cartes nommées, que ce ne sont pas toutes celles qui sont en ce moment sous leurs yeux, il est de prudence élémentaire de prier quelqu'un de prendre par écrit, à mesure que vous les appelez, la désignation des cartes sorties du jeu.

La vérification est alors facile et toute à votre gloire, — qui n'est pas mince.

Autre procédé pour exécuter le même tour. — Cet autre procédé est au moins tout aussi simple et peut-être plus sûr; car vous ne gardez point de première carte qui vous guide pour appeler les suivantes, et n'en avez pas une dernière inutile qu'il vous faut soigneusement cacher. Il n'y a aucune préparation, pas d'autre précaution à prendre que de remarquer une carte avec l'endroit précis du jeu où elle se trouve.

Votre carte remarquée, supposons que ce soit la dame de carreau, vous jetez négligemment — mais toujours sans perdre de vue votre carte — le jeu sur la table. Puis vous priez une personne obligeante d'en tirer une sans la regarder et de vous la remettre; vous prévenez cette personne que c'est la dame de carreau qu'elle va tirer et la priez de vouloir bien se le rappeler à l'occasion. La carte tirée vous étant remise, vous la prenez dans votre main, la face tournée vers vous. Supposons que cette carte est l'as de trèfle; vous priez une seconde personne de choisir une carte à son tour, en la prévenant que c'est l'as de trèfle qu'elle va choisir, et ainsi de suite avec autant de personnes que vous pouvez le juger avantageux à votre gloire, en observant exactement les mêmes précautions qu'avec la première.

Ce sera alors à votre tour de choisir une carte, et, en supposant que la dernière qui vous a été remise est le neuf de pique, vous annoncez que c'est le neuf de pique que vous allez prendre dans le jeu, — bien que ce soit en réalité la dame de carreau, que vous devez savoir où trouver.

Vos cartes réunies dans votre main, vous commencez alors à interroger la première personne qui en a choisi une dans le jeu, en lui demandant laquelle vous avez dit qu'elle allait prendre. Elle répond naturellement : *La dame de carreau.* — Et vous découvrez la dame de carreau. Vous agissez de même avec les autres, et finalement vous exhibez votre propre carte, — ou du moins celle qui doit passer pour telle, — et que tout le monde se rappellera vous avoir entendu nommer avant de porter la main sur le jeu.

La carte devinée laissée dans la main de la personne même qui l'a tirée, tout en en faisant sauter brusquement toutes les autres. — Vous faites prendre une carte forcée, ou une carte, en tout cas, que vous puissiez facilement reconnaître, de quelque façon que vous deviez vous y prendre pour cela. Lorsque la personne que vous en avez prié a tiré cette carte, vous obtenez d'elle qu'elle la replace dans le paquet et le batte elle-même à satiété, — et le fasse battre, si elle le juge bon, par ses voisins.

Quand votre paquet de cartes vous est revenu, votre premier soin est de retrouver la carte choisie, — et, au point où nous voilà, nous n'avons pas à vous indiquer comment. — Vous placez cette carte la dernière en dessous, puis vous divisez le paquet en deux, dont vous remettez, à la personne qui a choisi la carte à deviner, la moitié où cette carte se trouve, en la priant de la tenir entre le pouce et l'index, par l'un de ses coins extrêmes, et aussi serrée entre ses doigts qu'il lui sera possible.

Cela fait, vous donnez sur le paquet ainsi maintenu un coup sec, qui fait tomber par terre toutes les cartes, excepté celle de dessous, que le spectateur n'est pas peu étonné de reconnaître pour celle qu'il a tirée du jeu un moment auparavant.

₊*₊ On peut placer — et l'effet est peut-être encore plus

merveilleux — la carte choisie en dessus du paquet au lieu
de la placer en dessous, et faire tenir celui-ci en main, la face
tournée vers le plafond ; de sorte que lorsque vous frappez
et faites tomber toutes les autres cartes, la carte choisie reste
à découvert entre les doigts et sous les yeux mêmes de celui
qui l'a choisie.

**Faire retourner, seule, la carte choisie, en je-
tant sur la table le paquet entier qui la contient.**
— Ce tour est une variété tout aussi curieuse du précédent ; il
consiste, une carte choisie, forcée ou non, mais connue de
l'opérateur, étant donnée, à ramener cette carte en dessus
du jeu. Le paquet alors rassemblé, toutes les cartes doivent être bien égalisées sur les bords, sauf une, celle de dessus, qui dépassera le reste d'une manière en apparence insignifiante.

Prenez votre paquet de cartes ainsi préparé entre le pouce
et l'index, élevez-le à 60 centimètres environ du dessus de la
table et laissez-l'y tomber : tandis que tout le reste des cartes
tomberont la face contre le tapis, celle dont le bord dépas-
sait un peu celui des autres, la carte choisie, en un mot, et
devinée, tombera à découvert.

*** Ce dernier tour peut être exécuté comme terminaison
d'un tour plus compliqué, où il s'agit de carte à deviner, et
pour ajouter à l'illusion. Bien exécuté, il produit un grand
effet, et la petite supercherie qui en forme le fond est précisément de celles qui, par leur simplicité, déroutent le plus
complétement les faiseurs d'enquêtes.

**Indiquer le rang occupé dans un jeu par une
carte choisie et replacée dans le paquet par la
même personne.** — Ayant fait tirer une carte par une
personne de la compagnie, vous priez cette personne de la
replacer elle-même dans le jeu et de se rappeler à quel rang
elle l'aura placée, à compter en commençant par les cartes
de dessous. Vous faites alors glisser subtilement un certain
nombre de cartes prises en dessus sous le paquet, ayant soin
vous-même de vous en rappeler le nombre.

Supposons que vous opérez avec un jeu complet de cinquante-deux cartes ; la carte à découvrir, où qu'elle soit placée,
vous faites passer sous le paquet sept cartes qui seront à
ajouter au chiffre de cartes qui la séparent de la dernière de
dessous, mais que vous déduirez mentalement du chiffre total
des cartes du jeu entier ; soit, de cinquante-deux ôtez sept, il

restera quarante-cinq. Vous annoncez alors à la personne qui a choisi la carte, dont vous devez reconnaître le rang, que cette carte se trouvera la quarante-cinquième du jeu, en comptant à partir du chiffre représentant le rang qu'elle occupe en dessous.

Supposons encore que cette personne déclare qu'elle a placé sa carte la neuvième en dessous, vous prenez votre jeu, et vous comptez, en commençant par la première carte de dessus sur laquelle vous dites neuf, — et suivez ainsi : neuf, dix, onze, etc., jusqu'à quarante-cinq. Vous priez la personne de nommer la carte en question, et vous la retournez pour lui prouver qu'elle est bien en effet la quarante-cinquième.

Faire sauter une carte du milieu d'un jeu au commandement. — Faites tirer à quelqu'un une carte forcée — ou connue — et faites-la remettre ensuite dans le jeu. Vous aurez eu soin de vous munir préalablement d'un petit morceau de cire qui sera logé sous l'ongle du pouce de votre main droite, et d'un cheveu ou d'un fil d'une extrême finesse, invisible pour les spectateurs.

Alors vous fixez avec un peu de cire une extrémité de votre fil à la carte en question, et l'autre extrémité à votre pouce par le même moyen; puis vous étendez le jeu de cartes sur la table, et, faisant une conjuration dont les termes vous seront inspirés par la gravité de la circonstance, faites sauter la carte choisie hors du paquet en tirant adroitement sur votre fil invisible.

*** La véritable habileté dans l'exécution de ce tour réside évidemment dans la découverte de la carte choisie et non dans le moyen employé pour la faire sortir du jeu; mais l'effet produit par cette dernière partie de l'opération, si elle est bien exécutée, est immanquable.

Hélas! ce ne sont pas toujours les actes les plus vraiment dignes d'admiration qui provoquent l'enthousiasme des foules ni qui les intéressent le plus; et si nous voulons intéresser, amuser, il nous faut avant tout offrir à ceux qui attendent de nous ce service, non ce que nous estimons le plus digne de leur être offert, mais ce qu'ils veulent accepter. Il est d'ailleurs dans notre nature d'aimer à être trompés quelquefois, — pourvu qu'on ne nous révèle pas la tromperie dans le moment même et sans préparation.

Introduction dans un jeu d'une carte de di-

mension un peu plus grande que les autres. — Ce moyen, qui consiste à remplacer l'une des cartes d'un jeu par une carte de même valeur, mais un peu plus longue ou un peu plus large, afin de pouvoir la reconnaître sûrement, est très-employé, et facilite beaucoup l'exécution de la plupart des tours que nous venons de passer en revue ; sans compter qu'il donne lieu à des tours nouveaux, inexécutables sans ce secours puissant.

Il est évident qu'une carte plus longue ou plus large, aisée en conséquence à reconnaître au tact, facilite le saut de la coupe, supprime nombre de difficultés inhérentes à la nécessité de découvrir et de deviner une carte choisie ; celle-là, on la connaît, on sait toujours où la trouver sans la moindre peine ; et elle est beaucoup plus facile à faire prendre forcément au spectateur obligeant dont elle sollicite la main, pour ainsi dire, sans qu'il s'en rende bien exactement compte. Mais nous allons citer un cas, entre autres, où la carte longue devient tout à fait indispensable.

Faire prendre la même carte à plusieurs personnes et leur persuader qu'elles en ont choisi chacune une différente. — Faites tirer à l'un de vos spectateurs la carte longue que vous avez placée dans votre jeu, de la manière déjà indiquée pour « forcer la carte ». Faites ensuite mêler le jeu à cette même personne, après qu'elle a replacé dedans la carte tirée, que vous la prierez de vouloir bien se rappeler. Cela fait, passez à une seconde, puis à une troisième, puis à une quatrième personne, et obtenez de chacune d'elles qu'elle agisse comme la première.

Évidemment elles auront tiré la même carte ; mais elles ne peuvent s'en douter, et si vous avez pris la précaution, très-utile en pareil cas, de les choisir assez éloignées l'une de l'autre pour qu'elles ne puissent être tentées d'échanger leurs confidences, elles demeureront vraisemblablement dans cette erreur jusqu'à la consommation des siècles.

Après avoir repris le jeu de cartes, on le bat avec affectation, accompagnant cette opération d'un discours approprié ; il n'y a pas de mal non plus à le faire mêler et même couper par une ou plusieurs personnes de bonne volonté ; ensuite on annonce que les cartes choisies vont être extraites du jeu *toutes ensemble* et, sur une dernière coupe, on enlève, en effet, la carte longue accompagnée d'autant d'autres cartes qu'il en faut pour compléter le nombre de personnes qui ont choisi,

et auxquelles on va, à tour de rôle, présenter — si par
exemple elles sont quatre — les quatre cartes à l'instant tirées
du jeu, en leur demandant si la leur en fait bien partie.

Chacune répond naturellement *oui*, puisque chacune re-
connaît en effet la carte qu'elle a tirée sans soupçonner que
les autres ont tiré la même; on la lui indique d'ailleurs au
besoin, en lui demandant si c'est celle-là, et elle ne manque
pas cette fois encore de répondre affirmativement. — Et le
tour est joué.

** Dans le cas — car il faut tout prévoir — où le premier
spectateur sollicité ne choisirait pas la carte longue, le coup
ne serait pas manqué, mais seulement modifié, et le secours
de la carte longue resterait tout aussi utile que dans le tour
précédent.

La première personne ayant choisi une carte qui n'est pas
la carte longue, il faut de toute nécessité que les autres ne la
prennent pas davantage. A mesure qu'une carte est tirée, on
bat soi-même les cartes, on coupe à la carte longue et l'on prie
la personne de replacer sa carte à cet endroit; puis on mêle
de nouveau, on coupe encore à la carte longue et la seconde
personne place, comme la première et sur la carte de celle-ci,
la carte qu'elle a elle-même choisie, et ainsi de suite.

Toutes les cartes tirées replacées dans le jeu, vous coupez
une dernière fois, toujours au bon endroit, et, vous approchant
de la dernière personne qui ait choisi une carte, vous lui présentez cette carte qui se trouve naturellement en dessus du paquet; vous faites le même manège avec les autres, en remon-
tant de la dernière à la première.

— On comprend aisément d'ailleurs tout le parti qu'on peut
tirer de ce moyen. Nous ne parlerons que pour mémoire du
jeu de cartes biseautées qui permettent de préparer les cartes,
de telle sorte que les cartes de même valeur ou de même
couleur peuvent être reconnues d'un simple coup d'œil, rien
qu'à la place qu'elles occupent dans le jeu.

** Quant aux tours de cartes qui nécessitent l'emploi d'appareils coûteux, que la plupart de nos lecteurs refuseraient
avec raison d'acquérir, nous n'avons pas cru devoir nous en occuper : ce sont, nous devons toutefois le dire, les moins intéressants de beaucoup, au moins pour celui qui les exécute.

Il n'en est pas de même des quelques récréations dont nous
avons donné la clef, qui sont à peu près toutes d'une exécution facile, amusent autant l'opérateur que les spectateurs, et

n'exigent le secours d'aucun engin embarrassant, ou terrible, ou enfin d'un prix ridiculement élevé : un tout simple jeu de piquet y suffit presque toujours.

TOURS DE DOMINOS

Deviner les deux derniers dominos terminant à chaque bout un jeu entièrement développé. — Les dominos étant renversés sur la table, leur face blanche et ponctuée cachée à tous les yeux, vous les faites bien mêler par quelqu'un de la compagnie, en annonçant que vous allez vous retirer, — au besoin à la cave, d'où vous ne reviendrez que lorsqu'on vous y invitera — au besoin les yeux bandés d'un triple bandeau.

Pendant votre absence, on aura formé une ligne de dominos, en y employant tout le jeu, par la réunion rationnelle des dés. Cette ligne de dominos formée, vous vous faites fort de pressentir, de lire à travers tous les obstacles et toutes les distances les points qui la terminent à chaque bout.

*** Vous n'avez pas besoin d'autre chose, pour réussir dans ce tour merveilleux, que d'un des dés, n'importe lequel — excepté toutefois les doubles — que vous aurez subtilement enlevé au jeu dont il s'agit, et dont les deux points s'adapteront exactement aux deux bouts de la ligne une fois formée. Ainsi, si le domino que vous avez mis dans votre poche, au moment de prendre le chemin de l'exil est un cinq-deux, vous pouvez prédire à coup sûr que l'un des bouts de ligne de dominos formée avec le reste du jeu est un cinq et que l'autre est un deux, — et ainsi des autres.

Par exemple, si l'un des spectateurs s'avisait de vérifier le compte des dés, adieu le tour! Mais c'est une bien rare déception.

Le nombre de dés retirés de l'extrémité d'une ligne de dominos et reportés à l'autre révélé par les points d'un dé choisi avec discernement, quoique tous soient tournés la face noire en dehors. — Retournez tous les dés d'un jeu de dominos la face noire en dehors, et alignez-les côte à côte. Cela fait, offrez, comme pour le tour précédent, de vous enfoncer dans les entrailles de la terre, de vous faire crever les yeux, etc., pendant que l'une des personnes de la société fera passer un certain nombre de dés de droite à gauche; vous engageant malgré tout, non-seulement à lui en dire le nombre exact, mais encore à le lui faire dire par un dé que vous choisirez et dont les points additionnés donneront le chiffre de ceux qui auront subi la mutation convenue. — Et vous pouvez ajouter que vous ferez tout cela, au besoin, sans cesser d'avoir les yeux bandés.

L'exécution de ce tour est très-facile et sa réussite tient à peu de chose en somme. Lorsque vous avez aligné vos dominos renversés, il faut que vous ayez toutefois pris la précaution de commencer par ranger les treize premiers dés de gauche de manière que l'addition des points du premier donne au total le chiffre 12, ceux du second le chiffre 11, et ainsi de suite : 10, 9, 8, etc., jusqu'à 1, ou plutôt double-blanc, qui sera le treizième dé. Ceux qui suivent sont placés au hasard.

Les dés ainsi disposés, avec assez d'habileté et de promptitude pour que personne n'ait pu vous soupçonner de les choisir, lorsque, les yeux bandés, vous vous préparez à donner le chiffre de dominos retirés à l'extrémité droite et ajoutés à l'extrémité gauche, vous comptez du bout des doigts, en commençant par la gauche, treize dés; vous vous arrêtez sur ce treizième, vous le retournez : les points additionnés de ce domino donnent exactement et sûrement le nombre de dominos changés de bout pendant votre absence.

SIMPLES FARCES

Nous nous permettons d'employer ce terme de *farces* pour caractériser les petits tours de société — nous ne pouvons dire d'adresse, voulant être exact avant tout — dont nous allons faire défiler ci-après une amusante collection.

Le merveilleux et inimitable tour des amandes. — Vous prenez trois amandes, proprement mondées, si vous avez le palais délicat; puis, les ayant placées à quelque distance l'une de l'autre, vous empruntez leur chapeau à deux personnes de la société et vous en couvrez deux de vos amandes, couvrant la troisième de votre propre coiffure, pour ne pas multiplier les emprunts.

Cela fait, vous annoncez à la société que vous allez manger les trois amandes, et qu'une fois mangées vous vous engagez à les faire se trouver sous celui des trois chapeaux qu'on voudra bien désigner. Vous découvrez alors, l'une après l'autre, les trois amandes, et les croquez sans autre forme de procès; puis vous priez qu'on veuille bien vous indiquer sous quel chapeau on désire qu'elles se trouvent.

Le chapeau choisi, vous vous en emparez tranquillement et le placez sur votre tête, et faites la société juge dans la question de savoir si vous avez, ou non, rempli votre promesse.

*_** Tout autre objet comestible et de facile digestion pourrait être, on le comprend, substitué ici aux amandes.

Le non moins prodigieux tour du verre de vin. — Vous placez en évidence sur la table un verre rempli de vin aussi bon et aussi authentique que vous pourrez vous le procurer; puis vous le couvrez avec un chapeau, de peur qu'il ne s'évente. Après quoi, vous offrez de parier que vous boirez le verre de vin ainsi emprisonné, sans retirer le chapeau de dessus. Et il faudrait que vous soyez vraiment né sous une bien mauvaise étoile pour ne point trouver quelqu'un qui soutienne le pari offert.

Votre pari accepté, à la condition que nul ne touchera au chapeau que l'opération ne soit achevée, vous vous glissez mystérieusement sous la table, et, une fois là, faites entendre par quelques mouvements éloquents du gosier, de la langue et des lèvres, que vous êtes en disposition de boire le verre de vin avec une satisfaction sans pareille.

Après quelques minutes de cet exercice, vous vous relevez, et, interpellant votre parieur : « Maintenant, monsieur... » commencez-vous. — Mais vous n'avez pas le temps d'en dire plus long ; son impatience n'admet d'explication que du fait lui-même : il se précipite, enlève le chapeau...

C'est alors qu'un opérateur habile s'empare du verre et en vide tranquillement et correctement le contenu. Après quoi, il lui est bien permis de faire remarquer qu'il a, ainsi qu'il en était convenu, bu le verre de vin sans toucher au chapeau qui le couvrait, et, par là, gagné loyalement le pari.

Tous les rieurs — et ils seront nombreux — ne manqueront pas de se ranger de son côté.

Les trois couteaux. — Ce tour est tout aussi merveilleux que les deux précédents, et s'il n'exige pas précisément plus de dextérité, il veut au moins un peu plus de précaution. Voici en quoi il consiste :

Vous pariez avec quelqu'un que vous lui donnerez à cacher,

l'un après l'autre, trois couteaux où il voudra, et que vous indiquerez sûrement où le dernier aura été déposé. Il n'est pas douteux que celui qui tiendra votre pari stipule qu'il aura la faculté d'aller cacher ses couteaux hors de la pièce où vous vous trouverez actuellement ; et vous n'aurez garde de lui refuser cette satisfaction.

Pendant que votre antagoniste sera fort occupé à cacher les deux premiers couteaux dans les coins les plus retirés de la maison, de la cour ou du jardin, faites chauffer le bout de la lame du troisième et (c'est ici qu'il faut de la précaution, afin de ne pas courir le risque de brûler les doigts d'un innocent) lorsqu'il rentrera et vous demandera le troisième couteau à cacher, présentez-le-lui par la lame...

Il n'aura pas plutôt touché cette lame, ne fût-elle que tiède, que la sensation inattendue de chaleur qu'il ressentira lui fera lâcher le couteau instinctivement. — Ce sera le moment que vous choisirez pour lui déclarer que vous savez fort bien où il a *déposé* son troisième couteau, et que c'est sur le parquet ou ailleurs, suivant les circonstances. Et votre pari sera gagné.

Fatigué pour peu de chose. — Exhibez un bâton de très-petite dimension, en mettant au défi le plus fort, le plus robuste de la société de l'emporter hors de la chambre sans être fatigué, à la condition qu'il vous permette de choisir le mode de transport.

Si quelqu'un accepte votre défi, il vous suffira d'enlever, à l'aide d'un canif, un mince copeau de votre bâton, en priant la personne que vous avez défié de porter dehors cette portion du bâton tout d'abord, et ainsi de suite. Mais il est évident qu'elle reculera devant le labeur que lui promet une telle manière de procéder et qu'elle s'avouera vaincue le plus tôt possible.

Un dessert de Cosaque. — Prenez quelque gros navet ou quelque pomme de taille respectable et découpez dans l'un ou l'autre de ces végétaux des petits morceaux auxquels vous donnerez l'apparence de bouts de bougie. Pour plus de vraisemblance, taillez quelques amandes en forme de mèches, noircissez-les à un bout en les faisant brûler une minute, puis, les ayant éteintes, plantez-les dans les soi-disant bouts de chandelles que vous disposerez ensuite comme vous l'entendrez.

Il ne vous reste plus qu'à trouver une occasion propice de manifester publiquement votre goût dépravé pour les bouts de chandelles, en mangeant ceux que vous aurez ainsi fabriqués.

8

Par exemple, ayant préalablement trempé votre amande noircie dans une huile essentielle quelconque, — même sans ce secours, à son défaut, — vous fixez votre bout de bougie sur un chandelier et vous y mettez le feu ; après l'avoir laissé brûler une minute, le temps de faire quelques pas le flambeau dans la main, vous déposez celui-ci sur la table et en retirez la bougie, que vous vous mettez à manger incontinent.

Avec un peu de discrétion, vous êtes bien sûr de vous faire, par le moyen de cette petite exhibition, la plus détestable réputation du monde, — mais vous aurez largement stupéfié l'assistance.

*** Nous multiplierions à l'infini les exemples de « simples farces », comme nous avons nous-mêmes qualifié ces plaisanteries de société, qui ne manquent jamais de faire beaucoup rire, qualité inappréciable ! Mais, outre que nous sommes convaincu qu'un esprit ingénieux et fertile pourra s'inspirer utilement du peu que nous en avons donné, nous craindrions d'envahir la place au détriment de tours plus « sérieux » qui nous sollicitent et dont nous allons nous occuper sans autre préambule.

LES PIÈCES DE MONNAIE

Faire passer une pièce de monnaie d'une main dans l'autre d'une manière invisible. — Empruntez à quelqu'un de la société deux pièces de 1 franc, à deux personnes différentes même, pour plus grande preuve d'absence de compérage.

Prenez l'une de ces pièces d'abord avec le pouce et le médius de votre main droite et, annonçant que vous la placez dans la main gauche, que vous fermez aussitôt, rapprochez les deux mains, ayant soin dans ce mouvement de ramener votre doigt du milieu de la main droite vers la paume de cette main, en y portant la pièce de monnaie, que vous retiendrez là, par une légère pression de la paume du pouce, au lieu de la mettre dans la main gauche comme vous l'avez annoncé ; après quoi, redressez un peu vos doigts de manière à ce que, en n'en laissant voir aux spectateurs que le dos, votre main droite paraisse vide.

Prenez alors le second *franc* de la même main droite, que vous porterez ensuite derrière votre dos : et avec votre main gauche fermée, que vous agiterez devant vous, non sans accompagner ces simulacres fantastiques des contes en l'air les mieux inventés, donnez l'ordre à la pièce de monnaie qui est censée s'y trouver, de passer dans la main droite, en prononçant d'un ton de commandement n'admettant pas de réplique le mot : **Passez !**

Au même moment, pour compléter l'illusion, vous faites sonner l'une contre l'autre les deux pièces qui n'ont point quitté votre main droite; puis, ramenant celle-ci devant vous, vous jetez d'un air de triomphe modeste vos deux francs sur le tapis aux applaudissements de la société.

*** Ce petit tour n'a l'air de rien, cependant il est plus difficile qu'on ne croit et l'on fera bien : 1° de l'essayer longuement dans le silence du cabinet avant d'affronter le soleil d'une publicité dangereuse; 2° de ne point le répéter immédiatement, malgré les *bis* les plus chaleureux.

Il faut se rappeler aussi que la pratique seule peut amener à placer prestement une pièce de monnaie, tenue au bout des doigts, dans la paume de la main, et à l'y maintenir solidement de manière à permettre d'ouvrir cette main assez pour que le spectateur ne doute pas qu'elle est vide. Pour cela, on se servira toujours du doigt du milieu, ou de celui-ci et de l'annulaire, la pièce légèrement maintenue par le pouce, et c'est ainsi qu'il faudra la fixer à son poste de combat.

Autre méthode pour faire passer une pièce de monnaie d'une main dans l'autre. — Dans cette autre méthode, l'habileté de l'opérateur est évidemment moindre, mais le résultat ne paraîtra peut-être pas aussi satisfaisant à tout le monde. La voici, en tout cas :

L'opérateur demande, comme dans le tour précédent, deux pièces de monnaie, mais il s'est préalablement muni d'une troisième pièce semblable, qu'il garde fixée dans le creux de sa main droite. Il lui suffit alors de prendre de chaque main une des pièces étalées sur la table, de sorte qu'il y a bien indubitablement une pièce dans la main gauche de l'opérateur, au moment où il s'assied — car il s'assied — devant sa table; et pour preuve, après un lambeau de discours de circonstance, il rouvre cette main et montre que cette pièce y est toujours et ne paraît pas devoir en sortir de sitôt.

Il referme cette main aussitôt, la ramène sans affectation près du bord de la table, lâche la pièce sur ses genoux, où se trouve étendu un mouchoir — qu'il fera prudemment de ne pas oublier ; puis, ramenant ses deux mains fermées à hauteur convenable, il écarte les bras par un mouvement brusque, ordonne à la pièce de la main gauche d'aller rejoindre sa camarade de la main droite qui s'ennuie dans sa solitude, et, faisant résonner les deux pièces de la main droite, les jette ensuite sur la table en ouvrant en même temps la main gauche pour montrer qu'elle est vide.

La pièce envolée. — Vous prenez un foulard, le *franc* que vous avez demandé vous ayant été accordé avec empressement ; ce foulard, vous l'étendez sur la table, vous placez la pièce de monnaie au milieu, vous pliez le foulard par-dessus, priant au besoin un spectateur d'y poser le doigt afin de s'assurer que la pièce y est toujours. Cette vérification faite à la satisfaction de tous, et de vous particulièrement, vous prenez le foulard par un coin, vous l'enlevez brusquement en le dépliant, et vous le secouez vigoureusement : — la pièce est envolée !

Toute la magie de ce tour, qui obtient toujours un très-grand succès quand il est bien exécuté, consiste à coudre préalablement un franc dans un coin du foulard en question. Lorsque vous étendez votre foulard, vous placez ostensiblement la pièce de monnaie au milieu ; mais pour commencer à le plier, vous placez d'abord le coin dans lequel l'autre pièce est cousue et vous reprenez la seconde sans être vu, — ce qui est facile, — et la retenez dans la paume de votre main droite. Vous ramenez alors les autres coins du foulard sur le premier...

C'est à ce moment, et non une seconde plus tôt, que vous priez celui de vos spectateurs qui vous montre le visage le plus incrédule de vouloir bien s'assurer que la pièce de monnaie se trouve toujours dans le foulard que vous continuez à plier avec le plus grand soin. Il y manque rarement et s'assure, en effet, en palpant longuement, que c'est une pièce d'un franc qui se trouve là.

Alors, vous enlevez le foulard, vous le secouez et... vous savez le reste.

** Mais il s'agit maintenant de rendre la pièce à la personne qui vous l'a prêtée et qui trouverait le tour incomplet, peut-être même peu délicat, si elle ne rentrait dans ses fonds. C'est à vous de choisir dans les tours que nous vous indiquerons celui qui vous semblera le plus convenable à vous sortir de peine, en faisant inopinément reparaître cette pièce dans le récipient le plus improbable. — De même, vous pouvez, dès

le début, indiquer où la pièce ainsi envolée se sera arrêtée, en fin de compte — et de vol.

Autre méthode. — Au lieu du foulard préparé qui vous aura servi dans le tour précédent, vous auriez pu employer un foulard n'ayant reçu aucune préparation, en procédant de la manière suivante :

Vous placez le plus ostensiblement possible votre *franc* au milieu du foulard posé bien carrément devant vous ; et vous ferez bien dans ce cas d'obtenir de la personne qui vous a prêté cette somme modique de poser son doigt sur la pièce en question, en la laissant visible aussi longtemps que possible, — mais seulement lorsque vous aurez ramené le coin du foulard qui pend à votre droite sur cette pièce, et que vous l'y aurez fixé à l'aide d'un peu de cire que vous aurez pris l'innocente précaution de placer sous l'ongle du pouce de votre main droite.

Cela fait, vous réunissez les autres coins du foulard au premier, en commençant par celui qui est à votre gauche. Un petit discours bien approprié vous permet de saisir sans affectation le coin qui se trouve dessus, avec vos deux mains, que vous faites glisser vivement jusqu'à ceux qui se trouvent dessous, dont l'un adhère à la pièce de monnaie ; quand vous tenez ferme ce dernier dans votre main droite, il ne vous reste plus qu'à secouer votre foulard pour prouver que, malgré toutes les précautions, la pièce incorrigible s'est encore envolée.

La pièce enveloppée dans le foulard passant à travers la table et reçue dans un verre. — Voici une ingénieuse et vraiment surprenante modification, non du dernier tour, mais du précédent, dont l'effet est sûr, et qui a l'avantage de constituer un tour absolument complet :

Votre foulard plié sur la pièce cousue dans l'un de ses angles, vous priez la personne qui a accepté la mission de s'assurer de la présence de cette pièce dans le foulard, service que vous ne lui avez demandé, dans ce cas, qu'une fois le foulard plié, de placer lui-même sur la table le foulard que vous lui avez mis entre les mains, et de le couvrir de son chapeau.

Alors vous prenez un verre, vous vous baissez, tendez ce verre sous la table, à l'endroit correspondant à celui où foulard et chapeau sont posés dessus ; et, après quelques paroles engageantes destinées à persuader à la pièce de quitter le fou-

lard et de traverser la table, vous laissez tomber dans le verre,
avec un agréable cliquetis, celle que vous avez jusqu'ici retenue dans la paume de votre main.

*** Dans ces tours exécutés à l'aide de pièces de monnaie,
il faut, pour aider à l'illusion, en règle générale, prier la personne qui vous prête la pièce requise de la marquer, afin de
pouvoir la reconnaître lorsqu'on la lui rendra. Dans le cas
actuel, cette précaution est absolument indispensable.

En effet, dès que, par le son qu'elle vient de rendre, votre
pièce a annoncé qu'elle était rendue à destination, c'est-à-
dire dans le verre où vous lui avez commandé de passer, il
faut vous relever vivement, passer ce verre à la personne qui
attend le résultat du tour pour la prier de vérifier si la pièce
qui s'y trouve est bien celle qu'on vous a prêtée marquée d'une
façon particulière. De cette manière, vous arriverez sans doute
à temps pour lui ôter toute velléité de s'emparer prématuré-
ment de son chapeau, mais à coup sûr avant qu'elle ait songé
à porter sur le foulard qu'il recouvre une main téméraire.

Car c'est à vous, vous le sentez bien, qu'il appartient de saisir le foulard de la manière indiquée ci-devant et de le secouer
au nez des spectateurs pour leur prouver qu'il n'y a plus rien
dedans.

La pièce cachée. — Vous prenez la précaution de
marquer d'une façon particulière, et de cacher en quelque
coin bien mystérieux ou sous un objet impossible, une pièce
de monnaie quelconque — cela, bien entendu, avant que
vous ayez seulement donné soupçon du tour que vous allez
exécuter et même, au besoin, manifesté l'intention d'en
faire aucun.

Supposons que cette pièce soit encore 1 *franc*, et que
vous l'ayez marquée d'une croix. Vous demandez donc à quelqu'un de la société une pièce semblable, et, tout en racontant
avec le charme qui convient à un magicien de bonne compagnie, vous faites à ce *franc* une croix pareille et tracée au
même endroit que la marque déjà faite à la pièce cachée.
« Je fais cette marque, expliquez-vous, pour qu'on puisse reconnaître cette pièce sûrement; car, dans le tour que je vais
exécuter, il y a à craindre qu'elle ne s'égare, etc., etc., etc. »
Vous faites passer la pièce une fois marquée sous les yeux de
celui qui vous l'a remise et même des autres spectateurs, appelant surtout leur attention sur la marque que vous venez
d'y tracer. Puis : « Partez! »

Et la pièce part, en effet, soit que vous l'ayez fixée dans le creux de votre main, soit que vous l'ayez glissée adroitement dans votre poche ou ailleurs. Alors vous déclarez qu'elle s'est évanouie, enfuie, cachée, le tour médité n'étant sans doute pas de son goût ; mais qu'heureusement vous avez un esprit familier fort habile à prévenir ces sortes de fugues et qui vous fait entendre que la fugitive doit se trouver à... tel endroit ou sous tel objet ; ce que vous invitez la personne de qui vous la tenez à vérifier elle-même.

Et, en effet, cette personne trouve au lieu indiqué sa pièce disparue, — ou du moins une autre qui lui ressemble beaucoup, surtout par la marque en forme de croix tracée dessus.

La pièce marquée reconnue au toucher parmi plusieurs autres qui ne le sont pas. — Le petit tour que nous allons indiquer, pour être encore plus simple d'exécution, peut-être, que les précédents, n'en produit pas moins un effet justement merveilleux, qui déroute les recherches des esprits les plus déliés. Voici en quoi il consiste :

Vous empruntez quatre ou cinq pièces de monnaie, — disons cinq, et appelons-les pièces de 2 francs, parce qu'il est nécessaire qu'elles aient au moins l'épaisseur d'une telle pièce. Lorsque vous avez reçu vos cinq pièces de 2 francs, vous en déposez quatre sur le marbre de la cheminée (à la condition qu'il n'y ait pas de feu dans la cheminée, de peur que cela ne les fît fondre). Ensuite vous faites passer, de main en main, la cinquième, en priant une personne d'y faire une marque spéciale, et autant d'autres que vous pourrez, et de vérifier cette marque, afin de se la bien rappeler à l'occasion ; car vous vous proposez de la reconnaître simplement au toucher, au milieu des autres qui ne sont point marquées, comme on pourra s'en convaincre tout à l'heure, soit dans la profondeur d'une vaste bourse, soit dans le fond d'un chapeau, — et ayant, si l'on veut les yeux bandés.

Et, en effet, les cinq pièces bientôt réunies dans l'un ou l'autre des engins annoncés, vous le secouez vivement, comme un sac à boules de loto, vous y plongez votre main, et vous en tirez, sans erreur possible, la pièce de monnaie marquée.

— Mais par quel moyen, me demanderez-vous ? — Par un moyen bien simple : les quatre pièces déposées sur une plaque de marbre *froide* et la cinquième tenue pendant le même temps dans les mains *chaudes* des spectateurs enfiévrés, jouissent d'une température respective essentiellement différente, qui doit vous permettre de trouver à coup sûr la pièce chaude.

La pièce animée. — En fixant un bout de fil, au moyen d'un peu de cire, au bord d'une pièce de 50 centimes, d'une part, et de l'autre au bout de son doigt, d'une baguette ou de tout autre instrument aussi élémentaire, il est aisé de faire faire à cette pièce toutes sortes de petits tours d'apparence merveilleuse pour les spectateurs, qui ne voient pas agir le bout de fil; notamment, de la faire sauter d'un vase en contenant plusieurs, de la faire danser en mesure, — en mesure surtout, cela se comprend, etc., etc.

Nous n'avons pas à insister sur un tel moyen, qui, bien employé, produit toujours une illusion parfaite, et que l'imagination du lecteur lui permettra de mettre à profit dans mille circonstances.

La pièce de monnaie fixée sur le front. — Commencez par vous munir d'un peu de cire molle que vous garderez sous votre pouce. Après cela, engagez-vous à coller si bien une pièce de 50 centimes sur le front de n'importe qui, qu'il lui sera impossible, à moins d'y porter la main, de s'en débarrasser dans le délai de cinq minutes, ajoutant que vous n'emploierez aucune substance adhésive pour l'y maintenir.

Votre défi accepté, vous placez sur le front de la personne qui s'offre à subir l'expérience la pièce de 50 centimes, que vous prenez avec votre pouce enduit de cire, auquel elle tiendra nécessairement, tandis que le sentiment de pression sur le front éprouvé par votre dupe lui aura persuadé que la pièce y est restée.

Vous la laissez se secouer la tête inutilement pendant les cinq minutes spécifiées, au bout desquelles vous laissez tomber la pièce avec bruit, de manière à lui persuader qu'elle a fini par s'en débarrasser, — ce qui ne manque guère quand le tour est exécuté avec sang-froid.

*** Vous tâchez alors de l'amener à une seconde tentative. Mais, cette fois, vous laissez écouler le délai; et votre homme, dans ce cas, fatigué de secouer la tête en vain, finira par porter la main à son front, et sera fort étonné de n'y point trouver la pièce de dix sous cause de son tourment.

VARIÉTÉS

Nous ferons ici un choix de quelques tours exigeant des appareils spéciaux, mais tout à fait élémentaires, et d'autres pouvant parfaitement s'en passer, d'une exécution facile et d'un succès certain. Nous avons déjà dit que ceux qui ne pouvaient s'exécuter qu'avec le secours d'appareils compliqués et coûteux ne pouvaient trouver place dans cet ouvrage ; il est inutile d'insister sur les considérations qui nous guident dans cette occasion : nous voulons être *pratiques* pour tous, aussi bien dans les choses de pure distraction que dans les questions d'utilité. Voilà tout.

Les anneaux magiques. — Faites faire par le premier forgeron venu un certain nombre d'anneaux de fer — nous dirons huit — d'environ 15 à 18 centimètres de diamètre et d'une épaisseur de 6 à 8 millimètres au plus, disposés comme suit : 1° un anneau isolé ayant une ouverture oblique ; bien nette, bien arasée sur le côté ; 2° deux anneaux pleins et réunis, c'est-à-dire passant l'un dans l'autre sans pouvoir être divisés ; 3° trois anneaux assemblés de même, également pleins ; 4° deux anneaux isolés, pleins aussi, ne pouvant par conséquent, comme les assemblages de deux et de trois anneaux, être réunis qu'avec le secours de l'anneau ouvert.

Lorsque vous vous disposez à exécuter ce tour, vous posez vos anneaux les uns sur les autres, de manière à ce qu'ils paraissent distincts et séparés ; les deux anneaux isolés et pleins seront par-dessus les autres, puis viendront les anneaux jumeaux, ensuite l'assemblage de trois anneaux et enfin l'anneau ouvert. Faites circuler le premier anneau plein, afin qu'on puisse s'assurer qu'il ne présente aucune préparation suspecte ; ne livrez le second que si on vous le demande ; et si de nouveaux curieux manifestent le désir d'inspecter vos anneaux, représentez-leur le premier après qu'il vous sera rendu et que vous aurez fait semblant de lui en substituer un nouveau.

Lorsque vos deux anneaux vous ont été retournés, passez votre bras gauche dans toute la série, ou tenez-les réunis dans votre main gauche, et tout en les froissant les uns contre les autres, en faisant sauter en l'air les anneaux libres et en exécutant d'autres mouvements adroitement compliqués pour détourner et diviser l'attention des spectateurs, vous présentez enfin les anneaux doubles, qu'on ne doute point que vous venez à l'instant de réunir. Faites circuler ces deux anneaux, dont il sera impossible de contester l'indivisibilité certaine, qu'on croira cependant apparente. Quand vous les tiendrez de nouveau, vous recommencerez à froisser vos anneaux les uns contre les autres, à faire quelques simulacres appropriés ; puis vous présenterez au public les trois anneaux indivisibles.

Enfin, pour ne point trop insister sur un exercice désormais compris, vous prenez l'anneau fendu et vous le réunissez ostensiblement aux trois anneaux réunis à demeure, ce qui vous fait quatre anneaux ; vous ajoutez l'un des anneaux isolés pleins, et vous en avez cinq. Pour réunir six anneaux ensemble, vous substituez à l'anneau isolé, habilement détaché, les anneaux jumeaux.

Vous faites prendre à vos anneaux ainsi réunis toutes sortes de dispositions fantastiques, les agitez, les brassez de cent manières ; vous pouvez ajouter les deux anneaux restants en les faisant glisser dans l'anneau ouvert, et cachant l'ouverture de ce dernier avec le pouce, vous pouvez encore faire circuler la chaîne entière sous les yeux des spectateurs qui, assurés que sept des anneaux réunis sont parfaitement exempts d'ouverture si mince qu'elle soit, ne songeront jamais à s'assurer que le huitième est dans le même cas.

*** Ce tour est un des plus amusants qu'on puisse exécuter ; les opérateurs les plus en renom ne le dédaignent pas, malgré son grand âge, et le public le voit toujours avec un nouveau plaisir et une stupéfaction toujours nouvelle. Il peut être varié d'une foule de manières, mais surtout quant au nombre et à la disposition des anneaux.

Le verre d'encre métamorphosé en étang poissonneux et limpide. — Ce tour, exécuté habilement, à l'aide d'appareils fort peu compliqués, est un de ceux qui provoquent la plus complète illusion, dont ne peut se défendre même le spectateur le plus sceptique s'il n'est initié au dessous des cartes.

Vous posez sur une table, devant la société, un verre plein d'encre. Vous plongez dedans une sorte de cuiller à punch dont vous versez le contenu dans une assiette, afin de prouver à tout le monde que le contenu du verre est bien de l'encre, et du plus beau noir. Alors vous déposez votre cuiller et étendez sur le verre d'encre un mouchoir.

Vous avez eu soin de raconter, pendant toute la première partie de l'exécution, que dans cette encre vivait un, même deux poissons rouges au besoin, et que vous alliez le ou les découvrir dans un moment ; — ou bien que cette encre, si incontestablement noire, vous alliez la transformer en une eau limpide où s'ébattraient lesdits poissons, sans préjudice d'une foule de considérations sur l'étrangeté du fait, sur l'habileté du magicien et sur la présomptueuse incrédulité des hommes dans ces temps pervertis.

Ayant posé votre mouchoir sur le verre d'encre, vous l'enlevez presque aussitôt et découvrez en effet un verre rempli maintenant d'une eau limpide où s'ébattent les poissons rouges annoncés.

₊*₊ L'explication de ce tour merveilleux est des plus simples : le verre dont on se sert est plaqué intérieurement d'un morceau de soie noire qui y adhère d'une manière complète, grâce à la pression de l'eau dont le verre est rempli et où les poissons sont déjà. La cuiller a un manche percé de part en part, et l'encre versée dans l'assiette vient, de ce manche et non du verre où elle semble puisée. Enfin, si vous couvrez le verre d'un mouchoir pour changer l'encre en eau pure, c'est afin de pouvoir, en restant soupçonné de magie, enlever aisément l'enveloppe noire qui garnit le verre intérieurement.

Le chapeau inépuisable. — Sous un prétexte quelconque, vous empruntez un chapeau à quelqu'un de la société. Vous renversez ce chapeau sur votre table, derrière laquelle vous passez, l'attirant sans affectation près du bord, et enfin hors de la table, mais en le maintenant à son niveau ; puis vous introduisez dedans un boulet creux en fer-blanc, rempli d'objets bizarres, de jouets ou de fleurs, et percé d'un trou dans lequel vous fourrez un doigt pour vous aider à faire passer le tout dans le chapeau. — Inutile de dire que ce boulet, tout préparé, attendait sur une tablette sortant de la table même, à niveau convenable, que le chapeau vînt le recueillir et l'abriter.

Alors, élevant un peu le chapeau, vous cherchez à y introduire une baguette ou un objet quelconque, sous prétexte d'exécuter le tour pour lequel vous l'avez emprunté, et vous paraissez tout étonné de le trouver rempli ; vous en tirez en effet, au grand ébahissement des spectateurs, tous les menus objets renfermés dans le boulet creux, et les distribuez gracieusement. Puis vous vous disposez à rendre le chapeau, quand tout à coup sa pesanteur extraordinaire vous intrigue à ce point que vous ne pouvez résister à en interroger de nouveau le fond — d'où vous tirez, avec toute sorte d'efforts comiques, un boulet de canon!

Le boulet dans un chapeau. — Ce tour est à peu près le même que le précédent, excepté qu'au lieu d'un boulet creux rempli de riens agréables vous vous servez d'un boulet en bois blanc peint, percé, comme l'autre, d'un trou où vous fourrez le doigt pour l'introduire dans le chapeau.

Pour l'exécution de ce tour, on emprunte généralement plusieurs chapeaux sous un faux prétexte ; et lorsqu'on feint de se résoudre, après une allocution bien sentie, à s'en servir pour le tour annoncé, on est fort étonné d'en trouver un incomparablement plus lourd que les autres. On le secoue pour voir ce qu'il peut y avoir dans le fond et on fait tomber sur la table le boulet de bois peint.

L'œuf qui danse. — Parmi des œufs que vous venez de faire acheter, placez-en un complétement vidé (au moyen d'une piqûre d'épingle un peu grosse à chaque bout, et en humant, on a bientôt fait de vider un œuf sans qu'il y paraisse). Attachez à cet œuf vide un long cheveu ou mieux un crin noir auquel vous fixerez par un bout une épingle recourbée en forme d'hameçon.

Prenez une baguette, et attachez à votre vêtement l'hameçon improvisé, de manière à ce que le crin passe par-dessus votre baguette — laquelle ne pourra, en conséquence, faire un mouvement sans le communiquer à l'œuf vide.

*** Exécuté le soir, la lumière placée entre vous et les spectateurs qui même d'assez près ne peuvent discerner le crin révélateur, ce tour produit toujours beaucoup d'effet.

Passez muscade. — Voici un petit tour d'une exécution très-facile, — après un peu de pratique, bien entendu, — et qui suffirait à vous faire passer pour sorcier. Vous prenez une muscade, ou petite balle de liége, et la placez dans votre main droite à portée du pouce ; de là vous la menez avec le pouce entre le médius et l'annulaire, à la naissance de ces doigts, où il est aisé de la fixer solidement et d'où il est facile de la tirer toutes les fois qu'il en est besoin, du moins, nous le répétons, avec un peu d'exercice.

Ayant votre muscade ainsi placée, vous la ramenez entre
le pouce et l'index, la saisissez du bout de ces deux doigts
et la montrez à la compagnie ; puis vous soufflez dessus :
Passez muscade ! Il n'y a plus rien.

Vous pouvez ensuite la faire sortir d'une bouteille, du nez
du voisin, d'un étui à lunettes, rien qu'au commandement. —
C'est à vous à imaginer comment.

Autre. — Ayez quatre muscades que vous placerez devant
vous ostensiblement, en affirmant que vous les ferez passer
sous deux gobelets renversés, deux tasses, deux vases *opaques*
quelconques, ou sous un seul.

Pour le prouver, vous prenez vos deux gobelets de chaque
main, près du bord extérieur, entre le pouce et l'index, les
autres doigts dépassant, et vous placez celui de la main
droite à votre gauche, sur une des muscades, du moins en
apparence, car en réalité vous vous emparez de cette muscade à l'aide de deux des doigts restés libres et ne posez le gobelet sur rien du tout ; ensuite vous saisissez de cette même
main droite le gobelet que vous avez dans la main gauche et
le placez sur une muscade disposée à droite, — toujours en apparence, — mais comme vous lâchez en même temps la muscade
empruntée au gobelet de gauche, vous posez en réalité celui
de droite sur deux muscades au lieu d'une.

Cela fait, il vous reste encore deux muscades. Vous en prenez une de la main droite et faites semblant de la placer dans
votre main gauche, en annonçant que vous allez la faire
passer sous le gobelet de droite ; et en effet, après le simulacre
nécessaire avec la main gauche, vous levez de la droite le gobelet où se trouve deux muscades. En reposant votre gobelet, — toujours avec la main droite et de la manière que
nous venons d'indiquer, — vous disposez auprès des deux
autres la muscade que vous avez jusqu'ici retenue entre vos
doigts.

Vous prenez alors la quatrième muscade, et en agissez avec
elle comme vous avez fait avec la troisième, montrant ensuite aux spectateurs qu'il y a bien en effet trois muscades
sous votre gobelet de droite et y laissant la quatrième en re-
plaçant ce gobelet.

Enfin vous faites le simulacre de tirer du gobelet de gauche la muscade qui pour tout le monde, excepté pour vous,
se trouve dessous depuis le commencement, et de la faire passer, également par le fond, sous celui de droite.

Ce dernier gobelet levé une dernière et suprême fois montre en effet aux spectateurs émerveillés les quatre muscades réunies.

$*^*_*$ La prudence seule empêche d'opérer avec un trop grand nombre de muscades, autrement il est aisé de voir que ce tour peut se perpétuer indéfiniment. Il donne en même temps la clef de tous les tours de ce genre, où le grand rôle appartient aux muscades, et nous dispense de nous aventurer dans cette voie au delà de sages limites.

RÉCRÉATIONS SCIENTIFIQUES

Ce sont de simples récréations, nous n'avons nulle intention de nous en dédire ; mais elles sont scientifiques, et c'est là, nous le croyons fermement, un attrait de plus.

Certes, on rencontrera dans les lignes qui vont suivre l'indication de plus d'un amusement bien connu, la description de plus d'un vulgaire *joujou,* du moins de plus d'un appareil ordinairement présenté comme tel. Mais on sera plus d'une fois étonné d'apprendre qu'on s'est amusé d'une expérience scientifique dont on ne soupçonnait pas toute l'importance, et qu'on a pris pour un jouet d'enfant, digne de tout le mépris d'un adolescent dans la fleur de ses seize ans, un appareil merveilleux, dont la construction n'a été possible que lorsque la science eut enfin livré la clef de bien des problèmes jusqu'alors insolubles.

Dans cette série de « récréations », nous avons aussi fait entrer des expériences faciles, donnant des résultats inattendus et curieux, obtenus par un ensemble de procédés empruntés à la science, et qu'une explication simple et claire fait immédiatement comprendre et permet d'exécuter sans peine ; de plus, quelques instructions pour construire à peu de frais et facilement divers appareils sommaires, suffisants dans bien des cas pour la production de phénomènes électriques, optiques, etc., qu'on ne peut guère, dans l'état ordinaire des choses, produire ou observer que dans les laboratoires spéciaux, fournis d'appareils puissants et coûteux.

Nos efforts en ceci n'eussent-ils pour résultat que de développer dans une intelligence qui s'ignore l'esprit d'observation qui s'y trouve à l'état latent, de l'ouvrir au goût des choses de la science féconde et consolatrice, que nous aurions lieu de nous applaudir de les avoir tentés ; car on voudra bien remarquer que cette partie de notre œuvre est entièrement nouvelle, conçue de cette façon. — Mais, nous le répétons, c'est à ceux, surtout, qui cherchent des distractions, des récréations « de bon aloi » après les fatigues d'une journée laborieuse, que nous nous adressons; et notre ambition ne va pas au delà de notre programme, tout entier contenu dans notre titre.

Qu'on veuille bien nous permettre, cependant, de caractériser par un exemple l'intérêt particulier que nous espérons donner à nos « récréations scientifiques ».

Lorsqu'on met entre les mains d'un enfant un jouet, coûteux ou non, mais de cette espèce désignée sous le nom de « jouets mécaniques », il s'en amusera beaucoup d'abord, peut-être même pendant quelques heures, au bout desquelles, fatigué de voir son jouet agir imperturbablement de même, quels que soient et le temps et l'humeur de son propriétaire, l'impatience le prendra : il voudra savoir d'où lui vient à la fois cette agilité intempestive et ce mépris des changements d'humeur et des vicissitudes atmosphériques. — Et il brisera le jouet pour avoir la clef du mystère, pour voir enfin la *petite bête* qui est dedans et le fait mouvoir ainsi bon gré mal gré.

Il ne manque pas d'hommes qui sont enfants en ce point, et « cherchent la petite bête » de cette façon élémentaire et fatalement infructueuse. Mais, pour nous en tenir aux termes de notre exemple, il nous semble qu'en instruisant l'enfant des conditions dans lesquelles le mouvement est communiqué à son joujou, on aurait fait d'un petit ignorant un gros garçon à bon droit fier de sa science, et prévenu un acte de destruction fâcheux.

C'est à ce résultat que nous comptons arriver quelquefois.

ARITHMÉTIQUE

Nous commençons par l'arithmétique, parce que cette classe de *récréations scientifiques* nous a paru ménager convenablement la transition entre les tours d'adresse et les expériences scientifiques.

Il s'agit ici, surtout, de récréations ayant pour objet l'exercice salutaire de la mémoire, — et c'est un point que nous prions qu'on veuille bien se rappeler, autrement on pourrait n'y voir çà et là que des opérations frisant de près le tour d'adresse proprement dit, et ce serait pour nous une véritable déception.

Nous n'avons point, toutefois, la prétention de faire de ceux qui nous lisent des calculateurs rapides en mesure de figurer avantageusement sur les foires ou « devant les têtes couronnées du monde entier ». — C'est encore un point qu'il ne faut pas perdre de vue.

Deviner un nombre quelconque pensé par une personne. — Priez une personne de la société de penser un nombre, supposons un nombre de francs ; priez-la ensuite d'emprunter pareille somme (ou de doubler le nombre pensé) et de l'ajouter mentalement à la somme précédente. Ce calcul fait, vous la priez d'accepter en pur don, pour preuve de votre générosité, une troisième somme, que vous élèverez, supposons, à 10 francs (ou bien priez-la d'ajouter 10 au produit des deux premiers nombres additionnés).

A ce point de la question, vous vous informez avec une sollicitude aimable si la personne avec laquelle vous opérez se rappelle exactement ce qu'elle possède (ou le total des chiffres successivement pensés). Sur sa réponse affirmative, vous la priez d'abandonner aux pauvres moitié de cette somme (ou simplement d'en retirer la moitié), puis engagez-la à rendre ce qu'elle a emprunté à la personne qui le lui a prêté (ou à retirer du nombre qui lui reste le double de la somme primitivement pensée) et de conserver dans sa mémoire le nombre restant.

Alors, si vous avez opéré avec des pièces de monnaie, vous en mettez cinq dans votre main, et vous priez la personne qui a pensé le nombre de dire ce qu'il faut que vous ayez de pièces dans la main pour égaler le nombre qu'il lui en reste. Elle répondra naturellement *cinq* — et vous ferez voir que vous aviez, en effet, deviné — ou, plus exactement, calculé que c'étaient bien cinq pièces qui devaient lui rester.

Si vous vous êtes contenté de faire successivement modifier par les opérations que nous venons d'indiquer un chiffre pensé- comme vous n'avez pas d'autre moyen de prouver votre perspicacité, c'est à vous qu'il incombe de déclarer que le reste de la somme est *cinq*.

*** Voici maintenant l'explication de ce calcul compliqué en apparence : la somme primitivement pensée, doublée d'abord, puis augmentée de 10, est divisée en deux, et il n'en est conservé qu'une moitié : soit le premier nombre pensé,

9

maintenant dédoublé, plus 5. Mais ce nombre pensé représente ce double du nombre 10, ou, dans l'hypothèse de l'opération à l'aide de pièces d'argent, la somme juste empruntée.
Il est donc clair que cette somme rendue à son prêteur, il
ne reste plus à la personne qui s'est prêtée à l'expérience que
la moitié de celle que vous lui avez vous-même donnée, soit
cinq francs.

Inutile d'ajouter que, quel que soit le nombre pensé, si,
après toutes sortes d'opérations, que vous pouvez varier à
plaisir, vous y faites ajouter 10, il restera 5 au bout du compte ;
et, en un mot, moitié, inévitablement, de la somme ajoutée
en dernier lieu, quelle que soit cette somme.

Autre. — Priez une personne de penser un nombre ;
ensuite d'en retirer 1, puis de doubler le nombre restant ; de
ce nombre doublé, faites-lui retirer encore 1 ; puis ajoutez au
reste le nombre pensé. Cela fait, vous lui demandez le total,
auquel vous ajoutez trois ; prenez enfin le tiers de ce dernier
total, et vous aurez le chiffre pensé.

*** Avec un peu d'attention, on reconnaîtra que cette opé-
ration peut aisément se passer d'exemple.

Autre. — Un nombre ayant été pensé, faites-le tripler,
puis faites-y ajouter 1 ; faites ensuite multiplier le tout par
trois, puis ajouter au produit le nombre pensé. Cette série
d'opérations produira une somme qui, lorsque vous en aurez
soustrait 3, vous donnera un nombre décuple de celui qui a
été pensé ; il suffira donc de le diviser par 10, c'est-à-dire
d'en enlever le dernier chiffre de droite, pour avoir cette
somme.

Exemple. — Supposons que le nombre pensé soit 10 ; triplé,
il donnera 30, puis, en ajoutant 1, nous aurons 31 ; si nous
multiplions ce nombre par 3, nous obtiendrons 93, auquel
nous ajouterons 10, nombre primitivement pensé, ce qui nous
donnera 103. Maintenant, ôtons 3 de 103, il nous restera 100,
nombre décuple du nombre pensé, qui est 10.

Autre. — Priez la personne qui, sur votre prière, aura
pensé un nombre, de multiplier ce nombre par lui-même, et
d'en mettre de côté le total dans sa mémoire ; priez-la ensuite
d'ajouter 1 au nombre pensé et de multiplier le nombre
nouveau également par lui-même. Enfin, demandez-lui quelle
est l'importance de la différence entre les deux produits. Cette
différence qui sera nécessairement représentée par un nombre
impair, vous la diviserez en deux parties aussi égales que

possible, dont la plus petite vous donnera le nombre pensé.

Exemple. — Supposons que 10 est le nombre pensé ; en le multipliant par lui-même, nous obtiendrons 100. Reprenons maintenant le chiffre pensé et ajoutons-y 1, nous aurons 11, qui, multiplié par lui-même nous donnera 121. La différence entre les deux totaux 100 et 121 est 21, dont la plus petite moitié est bien 10, chiffre primitivement pensé.

⁎⁎ On peut varier l'opération de cette manière : au lieu de faire ajouter 1 au nombre pensé, déjà multiplié par lui-même, on en fait, au contraire, soustraire cette unité, puis on fait multiplier à son tour le nombre ainsi obtenu par lui-même. Dans ce cas, le nombre pensé est donné par la moitié la plus forte de la différence entre les carrés des deux nombres.

Ainsi, pour reprendre l'exemple précédent, 10 étant le nombre pensé, nous avons d'abord le produit de sa multiplication par lui-même qui est 100 ; nous reprenons alors ce nombre 10, dont nous retirons 1 : il reste 9, qui, multiplié par lui-même, produit 81. Entre 103 et 81, il y a 19 de différence, et la plus forte moitié de 19 est 10, — nombre pensé.

Trouver plusieurs nombres pensés. — Si un ou plusieurs des nombres pensés sont supérieurs à 9, il y a deux cas à distinguer : celui où les nombres pensés sont en nombre impair, et celui où ils sont en nombre pair.

⁎⁎ Dans le premier cas, demandez le total du premier et du second des nombres pensés, puis celui du second et du troisième, puis du troisième et du quatrième, et ainsi de suite jusqu'au dernier ; enfin demandez le total du premier et du dernier. Additionnez alors ensemble tous ceux des nombres obtenus qui occupent un rang impair, tels que le premier, le troisième, le cinquième, etc. ; additionnez ensuite les autres, c'est-à-dire le second, le quatrième, etc. ; soustrayez le produit de cette dernière addition du produit de la première, et le reste vous donnera le double du premier numéro pensé.

Exemple. — Supposons que les nombres pensés sont les cinq suivants : 3, 7, 13, 17, 20 ; en les additionnant deux par deux d'après les indications précédentes, nous obtiendrons les nombres 10, 20, 30, 37, 23. Nous additionnerons alors ensemble le premier, le troisième, le cinquième, qui nous donneront au total 63 ; puis le second et le quatrième, qui produiront 57. En soustrayant 57 de 63, nous trouverons 6, qui est le double du premier nombre pensé, 3. Maintenant, 3 ôté de 10 nous donnera 7, le second nombre pensé ; 7 ôté de 20, 13 ; 13 ôté de 30, 17 ; et enfin 17 ôté de 37 donnera 20, le dernier nombre pensé.

*** Dans le second cas, c'est-à-dire si les nombres pensés sont en nombre pair, soit deux, quatre, six nombres, on commencera par additionner ensemble, comme dans l'exemple précédent, le premier nombre et le second, le second et le troisième, et ainsi de suite ; mais, au lieu du total du premier et du dernier nombre, on prend celui du *second* et du dernier additionnés. Alors additionnez ensemble les nombres occupant les places paires et mettez-en le produit à part ; additionnez également les nombres de rang impair, *le premier excepté*, et soustrayez ce dernier produit du précédent. Il restera de cette opération une somme double de celle représentée par le second nombre pensé ; le second nombre, trouvé par ce moyen, soustrait du total du premier et du second précédemment donné, procurera naturellement le premier nombre ; ôté du produit du second et du troisième additionnés, il donnera le troisième à son tour ; et enfin il donnera le quatrième, avec lequel il a été précédemment additionné, par le même et simple moyen.

Exemple. — Les nombres pensés étant 3, 7, 13, 17, les sommes formées par les procédés ci-dessus indiqués seront : 10, 20, 30, 24. L'addition du second avec le quatrième nombre donnera 44, dont en soustrayant 30, le troisième (le premier ne devant pas être touché), nous obtiendrons le nombre 14, le double de 7, second nombre. Retirons 7 de 10, nous aurons 3, le premier nombre ; de 20, nous aurons 13 ; de 24, nous aurons 17, le quatrième et dernier.

Nombres au-dessous de 9. — Pour trouver les nombres pensés qui n'excèdent pas 9, on s'y prend de la manière suivante :

Faites doubler le premier nombre pensé, puis y ajouter 1, et enfin multiplier le tout par 5 ; faites alors ajouter au produit de l'opération le second nombre. S'il y a un troisième nombre, faites doubler la première somme et y ajouter 1 ; après cela, priez qu'on multiplie la somme nouvelle par 5 et qu'on y ajoute ensuite le troisième nombre. Procédez de même pour un quatrième nombre, c'est-à-dire faites toujours doubler la somme précédemment obtenue, puis y ajouter 1, multiplier le tout par 5 et enfin y ajouter le nombre dont s'agit ; et ainsi de suite.

Demandez alors quelle somme produira le dernier nombre

pensé ajouté au total précédent. Si cette somme se compose
de deux chiffres, vous en soustrairez 5; si elle a trois chiffres,
55; si elle en a quatre, 555; et ainsi de suite. Le produit
de cette soustraction donnera, par rang d'ordre, la totalité des
nombres pensés.

Exemple. — 3, 4, 6 étant les nombres pensés, nous dou-
blerons le premier, 6; nous ajouterons 1 à cette somme,
7; nous multiplierons alors ce dernier nombre par 5, ce qui
nous donnera 35. Si nous ajoutons à ce produit le second
nombre pensé, qui est 4, nous aurons 39 qui, doublé, donne
78; et si nous ajoutons 1 à cette nouvelle somme, pour
avoir 79, que nous multiplierons ensuite par 5, le produit
sera 395. Ajoutons maintenant 6, qui est le dernier nombre
pensé, à cette somme de 395, nous obtiendrons 401.

Il ne nous reste plus qu'à soustraire 55 de 401, nous obtiendrons alors, pour somme restante, 340, — c'est-à-dire les
nombres pensés 3, 4, 6, par rang d'ordre.

Pair ou non. — Un nombre impair multiplié par un
nombre impair ne peut produire qu'un nombre impair; un
nombre pair multiplié par un nombre pair produit toujours
un nombre pair; un nombre pair multiplié par un nombre
impair produit également un nombre pair, *et vice versa.* —
D'un autre côté, deux nombres pairs ou deux nombres impairs additionnés ensemble produisent l'un et l'autre un
nombre pair, tandis qu'impair et pair ou impair et impair
produiront, additionnés, des nombres impairs.

Ces principes sont immuables et de connaissance vulgaire;
cependant on les oublie quelquefois, et c'est ce qui fait trouver si inextricables les combinaisons les plus simples.

Par exemple, si une personne tient dans une de ses mains
fermées un nombre impair de jetons et dans l'autre un nombre pair, il est facile de découvrir quelle main garde les uns
et quelle main garde les autres.

Faites-lui multiplier le nombre de jetons contenus dans sa
main droite par un nombre pair, et celui de la main gauche
par un nombre impair; faites alors additionner les deux
produits ensemble et demandez quel est le dernier chiffre du
total obtenu. — Si ce chiffre est pair, le nombre impair de
jetons se trouve dans la main droite; s'il est impair, il est
dans la main gauche.

Exemple. — Supposons qu'il y a 5 jetons dans la main
droite et quatre dans l'autre; multiplions 5 par 2 et 4 par 3,

soit $5 \times 2 = 10$ et $4 \times 3 = 12$; additionnons maintenant 10 et 12 ; $10 + 12 = 22$. Le dernier chiffre du total, 2, étant un nombre pair, le nombre impair de jetons cachés se trouve inévitablement dans la main droite.

Dire les points de deux dés sans les voir. — Deux dés ayant été jetés à la façon ordinaire, il s'agit de deviner les points qu'ils forment isolément, bien qu'on les dérobe à votre vue :

Priez la personne qui compte les points de doubler le nombre des points de l'un d'eux et d'ajouter 5 au produit; faites ensuite multiplier la somme ainsi obtenue par 5 et ajouter au total les points de l'autre dé. Cela fait, priez-la de vous donner le montant total de l'opération; retirez-en 25, et il vous restera un nombre, composé de deux chiffres, dont le premier à gauche indiquera les points du premier dé, et l'autre ceux du second.

Exemple. — Supposons que les points du premier dé soient 2, et ceux de l'autre 3 ; le premier nombre doublé donne 4, auquel nous ajoutons 5, ce qui nous fait 9 qui, multiplié par 5, produira 45. Ajoutons maintenant les points de l'autre dé, soit 3 ; nous aurons 48, dont, en déduisant 25, nous obtiendrons 23, — c'est-à-dire les deux figures, 2 et 3, représentant les points de chacun des deux dés, dans l'ordre indiqué.

Les nombres carrés. — Un nombre carré est le produit de la multiplication d'un certain nombre par lui-même. Ainsi $4 \times 4 = 16$, qui, en conséquence, est un nombre carré, 4 étant la *racine carrée* qui l'a produit.

L'extraction de la racine carrée d'un nombre prend quelquefois beaucoup de temps ; et il arrive qu'après y avoir beaucoup travaillé, on s'aperçoit au résultat que le nombre si péniblement disséqué n'était pas du tout un nombre carré. Il n'est donc pas inutile de pouvoir se rappeler à l'occasion que tout nombre carré se termine soit par l'un des chiffres 1, 4, 5, 6 ou 9, soit par deux chiffres précédés de l'un de ceux-ci. — Cela, au contraire, peut éviter beaucoup de peine inutile.

*** Une autre propriété du nombre carré, c'est que, s'il est divisé par 4, le reste, si reste il y a, ne peut être que 1. Ainsi, le carré de 5 est 25, et 25 divisé par 4 laisse 1. D'autre part, 16, qui est un nombre carré, peut-être divisé par 4 sans qu'il reste rien de l'opération.

Trouver le jour de la semaine où naquit une personne. — Il faut avant tout savoir l'année, le mois et le quantième du mois ; lorsqu'on possédera ces renseignements, il sera aisé de découvrir si ce jour était un jeudi, un dimanche ou tout autre jour de la semaine, en procédant de la manière que voici :

Il faut commencer par prendre les deux derniers chiffres de l'année qui précède celle de la naissance ; ainsi, en supposant que la naissance dont il s'agit de fixer le jour s'est produite en 1854, nous écrivons sur une feuille de papier les deux chiffres 53. Nous ajoutons ensuite le quart de ce nombre, sans nous préoccuper des fractions s'il y en a ; dans le cas actuel, le quart de 53 se trouve en conséquence être 13. Nous ajoutons donc 13 à 53, puis 5, puis le nombre de jours écoulés depuis le premier janvier jusqu'au jour de la naissance inclusivement — en ayant soin de ne pas oublier le jour en plus de l'année bissextile, si la naissance a eu lieu dans une telle année et à une date postérieure à février. On additionne ces quatre nombres ensemble et on en divise le total par 7, nombre des jours de la semaine.

Le chiffre qui reste indique le jour de la semaine où la naissance eut lieu, conformément à un petit tableau dressé préalablement et où 0 représente vendredi ; 1, samedi ; 2, dimanche ; 3, lundi ; 4, mardi ; 5, mercredi ; et 6, jeudi.

Exemple. — Supposons que la personne dont il s'agit, sachant qu'elle est née le 25 septembre 1854, désire savoir quel jour de la semaine se produisit cet heureux événement. Pour le lui apprendre, voici comment nous procéderons :

Nous prendrons d'abord les deux derniers chiffres du numéro sous lequel est classée, dans la série des siècles, l'année qui précède. 53

Nous y ajouterons le quart de ce nombre. . . . 13

Puis le chiffre. 5

Puis le nombre des jours écoulés du 1er janvier au 25 septembre 1854, inclusivement. 268

Ce qui nous fournira un total de. 339

Divisons maintenant 339 par 7 :

Il nous restera 3, chiffre qui indique que la personne en question, d'après notre tableau, est née un lundi, ce qui peut être vérifié sans trop de difficulté.

*** Ce petit calcul peut servir de même, naturellement, à déterminer le jour de la semaine correspondant à la date d'une fête, d'une échéance, d'un rendez-vous, d'un événement quelconque.

Rendre un nombre quelconque divisible par 9, par l'addition d'un chiffre. — Un nombre étant donné, additionnez ensemble les chiffres qui le composent; examinez si le produit de cette addition est divisible lui-même par 9, sinon une seconde vous suffira pour déterminer le chiffre qu'il faut ajouter à ce nombre, naturellement peu considérable, pour lui faire acquérir cette propriété. Ajoutez ce chiffre au nombre primitivement donné, et cette addition le rendra infailliblement divisible par 9.

Exemple. — Supposons que le nombre indiqué est 3976; nous disons $3 + 9 = 12 + 7 = 19 + 6 = 25$; 25 n'est pas divisible par 9; il nous faudrait, pour le rendre tel, y ajouter 2 : $25 + 2 = 27$, qui est, en effet, divisible par 9. Ajoutons donc 2 à 3976 : $3976 + 2 = 3978$, qui est bien divisible par 9.

$$\begin{array}{r|l} 3978 & 9 \\ \hline 39 & 442 \\ 18 & \\ 00 & \end{array}$$

Une particularité plus curieuse encore, c'est que ce chiffre additionnel peut être introduit n'importe en quel point du nombre proposé, et donnera toujours le même résultat. Ainsi, dans le cas qui nous occupe, selon que vous additionnerez 2 avec le 3, le 9, le 7 ou le 6 du nombre 3976, vous obtiendrez : 5976, 4176, 3996 ou 3978, — tous nombres divisibles par 9.

Profitez du renseignement à l'occasion.

PNEUMATIQUE

Imperméabilité et compressibilité de l'air et des gaz. — Plongeons, dans un vase plein d'eau, un verre renversé; en appuyant dessus de manière à faire toucher le fond du vase à ses bords; nous éprouverons d'abord une certaine résistance; ensuite nous pourrons constater que l'eau qui a pénétré dans le verre reste à un niveau sensiblement plus bas que celle du vase qui entoure celui-ci. Quand le verre serait tout entier plongé dans l'eau, celle qui pénétrerait dedans n'élèverait pas de beaucoup son niveau, et, conséquemment, n'arriverait jamais à l'emplir. Donc l'air est une substance éminemment étendue et impénétrable; il est également élastique, car, comprimé comme il vient de l'être, dès que le verre sera retiré de l'eau, il l'emplira de nouveau entièrement, reconquérant la place tout à l'heure envahie par l'eau.

Il en serait de même, d'ailleurs, de tout autre gaz.

On peut rendre cette expérience encore plus frappante en faisant flotter un petit morceau de liége sur la surface de l'eau, et en renversant son verre sur ce flotteur, qu'on pourra voir s'enfoncer dans l'eau en même temps que le verre et rendre ainsi palpable, en quelque sorte, la différence des deux niveaux.

C'est sur ce principe que la cloche à plongeur a été construite.

Pression atmosphérique. — On sait qu'à la température de zéro un litre d'air pèse 1 gramme 293; et, en estimant la surface du corps humain, en moyenne, à 1 mètre et demi carré, on a calculé que nous nous promenions tranquillement, vous et moi, cher lecteur, avec chacun 15 500 kilogrammes d'air sur les épaules! Si cette pression, qui agit sur nous de dehors en dedans, ne nous cause aucun embarras, c'est qu'elle est contre-balancée par une pression de dedans en dehors, produite par l'air qui pénètre en nous par tous nos vaisseaux en communication avec l'atmosphère.

La preuve de cette énorme pression est facile à faire; on n'a que l'embarras du choix des expériences qui, dans les cours de physique, sont assez nombreuses et même variées.

Les hémisphères de Magdebourg. — On connaît l'expérience des *hémisphères de Magdebourg*, imaginée par Otto de Guericke. Ces deux hémisphères sont en cuivre creux et garnis extérieurement de poignées. Leurs bords sont pourvus d'une rondelle de cuir graissée, de manière à ce que, réunis, ils ne puissent se laisser pénétrer par l'air extérieur. Enfin il y en a un qui porte un robinet destiné à être vissé sur la platine de la machine pneumatique.

Les deux hémisphères, réunis sans autre préparation, peuvent être séparés aisément, parce qu'ils renferment de l'air et que la pression intérieure fait équilibre à la pression extérieure. Mais vissons le robinet de l'un d'eux sur la pompe à air, faisons le vide à l'intérieur des deux hémisphères réunis, — et deux chevaux tirant dessus en sens inverse auront de la peine à les séparer.

Expérience de la boîte à sardines. — Nous disons « boîte à sardines » pour nous dispenser d'une longue et peut-être diffuse description ; une boîte quelconque ferait l'affaire, mais supposons une boîte de fer-blanc, vide suivant l'opinion vulgaire, mais pleine d'air en réalité.

Elle se tient on ne peut mieux, en raison de la double pression tout à l'heure indiquée ; mais chassons-en l'air intérieur, faisons-y le vide réel, et la boîte s'aplatira.

Le bocal mal bouché. — Supposons maintenant un bocal ayant au fond un trou qui permette d'y adapter la platine de la machine pneumatique, et dont l'orifice sera couvert seulement d'une feuille de parchemin ou d'un morceau de peau quelconque fixé solidement. À peine l'air sera-t-il chassé du bocal que la peau qui le ferme éclatera.

Fermez le bocal avec votre main — et vous ne tarderez guère à crier « au secours ! » car si l'opérateur tardait à faire pénétrer l'air dans le bocal, votre main, comprimée d'un seul côté avec la force prodigieuse que nous avons dite, ne manquerait pas d'y être entraînée de force, fût-ce en morceaux.

Le coupe-pomme. — L'expérience du coupe-pomme est là pour prouver que ce que nous venons de dire n'a rien d'exagéré.

Cette expérience est fréquemment exécutée, comme un simple tour d'adresse, par des prestidigitateurs ; mais le public s'en émerveille de moins en moins, heureusement pour le niveau des connaissances scientifiques. Voici en quoi elle consiste :

On se procure une carafe, mais une carafe d'une forme spéciale, quoique ce soit sans grande importance, et surtout d'un verre épais. On place sur le goulot de cette carafe une pomme d'un diamètre deux ou trois fois plus étendu que celui de ce goulot, en annonçant qu'on va la faire passer dans la carafe — ce qui semblerait impossible, si nous n'avions eu soin d'expliquer l'usage, en pareil cas, de la machine pneu-

matique, et si nous n'ajoutions quela carafe est en communication directe avec le récipient d'une telle machine.

Au commandement du « physicien », un aide, qu'un tapis
ou un rideau dérobe au public, tourne un robinet, le vide se
fait dans la carafe et la pomme s'y précipite — comme aurait
fait votre main, dans le cas précédent.

Expérience de la vessie (*élasticité*). — Placez sous
le récipient d'une machine pneumatique une vessie fermée,
apparemment vide. Chassez l'air du récipient, et, si peu qu'il
y ait d'air dans la vessie, débarrassée de la pression extérieure,
il se dilatera et gonflera la vessie qui se soulèvera.

Un tire-bouchon infaillible. — Au lieu d'une vessie,
placez sous le récipient une bouteille solidement bouchée,
faites jouer les pistons, et le bouchon ne tardera pas à sauter.

Si vous employez à cette expérience un flacon carré ou
plat, sur lequel vous ayez vissé ou collé un bouchon, l'expansion de l'air intérieur le fera éclater — et ferait même éclater
une bouteille ronde préparée de même.

**Moyen de rendre leur fraîcheur aux fruits
secs.** — Prenez une belle grappe de raisin sec, par exemple, dont les grains soient intacts, exempts de la plus innocente éraflure, et placez-la sous le récipient de la machine
pneumatique. A mesure que l'air sera chassé du récipient,
les grains du raisin, sous l'action de l'air qu'ils contiennent,
se gonfleront, et votre grappe prendra l'apparence d'une
magnifique grappe de raisin frais cueilli, quoiqu'un peu bru-
nie sans doute. — Il va sans dire que l'expérience est applicable avec le même succès à toute sorte de fruits prétendus
secs.

Seulement, aussitôt l'air rentré dans le réservoir, adieu
cette jeunesse d'emprunt et cette fraîcheur fugitive !

L'œuf vidé. — Prenez un œuf frais dont vous enlève-
rez une parcelle insignifiante de la coquille et de la peau intérieure du plus petit bout; placez-le ensuite sous le récipient, et chassez-en l'air. L'expansion du peu d'air retenu
entre la coquille et la peau du gros bout forcera tout le contenu de l'œuf à sortir par la petite issue que vous lui aurez
ménagée au bout opposé.

L'expérience de la chandelle. — Placez sous la
machine une chandelle allumée; tant qu'il y aura de l'air, la
chandelle brûlera ; dès qu'il n'y en aura plus, elle s'éteindra;

et la fumée de la mèche, au lieu de monter, descendra vers le fond du récépient en un nuage épais.

Monsieur Rothomago et sa famille. — Une démonstration très-amusante de l'élasticité de l'air peut être faite à l'aide d'un appareil peu compliqué, presque un joujou.

Procurez-vous deux où trois petits bonshommes de verre creux émaillé, ayant chacun un trou à l'un de leurs pieds. Immergez-les dans une espèce de bocal de verre *à peu près* rempli d'eau, dont l'orifice sera bouché par un morceau de parchemin, de caoutchouc mince ou simplement de soie. Si vous pressez avec la main sur ce parchemin, l'eau étant presque incompressible, contrairement à l'air, l'air contenu dans les petits bonshommes se comprimera et l'eau, en y pénétrant, augmentant leur pesanteur spécifique, les entraînera au fond du bocal. Retirez votre main de l'orifice, c'est-à-dire suspendez la pression, l'air intérieur des petits bonshommes, recouvrant son élasticité, expulsera l'eau qui avait empiété sur son domaine, et les bonshommes remonteront.

En introduisant un peu d'eau, en quantité différente, dans deux de vos bonshommes — si vous en avez trois — avant de les faire entrer dans le bocal, ils flotteront à des hauteurs différentes, et vous pourrez ainsi varier leurs mouvements, en appuyant sur la membrane qui bouche l'orifice du vase pour les régler.

*** Les foires de campagne et les places publiques de Paris même voient encore quelquefois paraître des « diseurs de bonne aventure » dont l'oracle n'est autre qu'un petit bonhomme (un *ludion*) ainsi accommodé. Quoique un peu blasé, car l'appareil n'est certes pas nouveau, le bon public est toujours fort émerveillé de ce spectacle, dont il ne pénètre pas la cause — ni, le plus souvent, l'*impresario* lui-même.

Le tâte-vin ou chantepleure. — Nous sommes loin d'avoir épuisé les exemples de pression atmosphérique, et même nous n'avons pas du tout la prétention de les épuiser ; mais nous ne pouvons passer sous silence celle du tâte-vin, dont les dégustateurs se servent pour puiser le vin nécessaire à l'épreuve qu'ils projettent.

C'est une sorte de tube dont ils plongent une extrémité dans le liquide à déguster et bouchent l'autre avec le pouce. Le liquide qui a pénétré dans ce tube par l'orifice inférieur y reste suspendu, parce que la pression atmosphérique, ne s'exerçant plus que par en bas, l'empêche de s'écouler. Mais si l'on débouche l'orifice supérieur, la pression se rétablit de ce côté et, en vertu de son poids, le liquide tombe.

Le verre renversé. — C'est par la même cause qu'un verre rempli d'eau et recouvert d'une mince feuille de carton peut être renversé impunément. La pression ne s'exerçant que par en bas empêche le liquide de s'échapper, c'est-à-dire le carton de se détacher de l'orifice du verre.

Moyen de repêcher une pièce d'argent au fond d'une assiette remplie d'eau sans y tremper les doigts. — Faites brûler un morceau de papier dans un verre (en d'autres termes chassez-en l'air par le moyen le plus simple, et fort usité pour la confection de ventouses sèches). Votre pièce de monnaie étant placée dans une assiette et recouverte d'une quantité d'eau un peu moindre que le verre n'en pourrait contenir, renversez votre verre plein de la fumée du papier sur l'assiette, à côté de la pièce à repêcher...

La pression atmosphérique, s'exerçant seulement au dehors, forcera l'eau de l'assiette à monter dans le verre et à laisser échouée sur un bas-fond de porcelaine votre pièce de monnaie, que vous pourrez tirer de là sans vous mouiller les doigts.

La bouteille inépuisable. — Tout le monde connaît cette bouteille, due, je crois, au génie inventif de Robert Houdin. Ce n'est pas une bouteille ordinaire, bien qu'elle en ait toute l'apparence : elle est en fer-blanc peint de la couleur du verre à bouteille, et contient cinq liqueurs différentes.

Les cinq liqueurs sont contenues dans les cinq compartiments qui divisent intérieurement, suivant son axe, la bouteille inépuisable — qu'il faudrait, somme toute, peu d'efforts pour épuiser. Chaque compartiment a son goulot spécial fort étroit, et d'où la liqueur ne pourrait s'échapper si on ne favorisait d'un autre côté la pression atmosphérique.

En conséquence, cinq trous, correspondant chacun à un compartiment, s'ouvrent autour des flancs de la bouteille, de manière que les cinq doigts de l'opérateur les bouchent tous à la fois. Pour pouvoir verser la liqueur demandée, il suffit de découvrir le petit trou extérieur du compartiment où cette liqueur se trouve renfermée. Alors la pression atmosphérique rétablit, et le liquide s'écoule dans le verre.

L'entonnoir magique. — L'entonnoir magique, con-

struit sur les mêmes principes, a la prétention de changer
l'eau en vin, — et il y réussit.

Il est pourvu d'un double fond, cet entonnoir, percé d'une
petite ouverture à portée du pouce de l'opérateur, qui peut à
son gré en permettre ou en interdire l'accès à l'air. Ce double
fond est rempli de vin fortement coloré, ou d'eau teinte en
rouge, si l'expérience ne doit pas s'étendre à la dégustation
du vin. Le pouce placé sur l'orifice du double fond, l'opérateur plonge son entonnoir dans l'eau et, levant son pouce,
laisse s'écouler par le tuyau de sortie cette eau changée en
vin, — ou du moins en eau rougie.

∗ L'entonnoir magique n'est, on le voit, qu'une ampli-
fication ingénieuse du tâte-vin.

La pression atmosphérique, provenant à la fois de l'élasticité et de la pesanteur de l'air, joue un rôle important dans
la plupart des phénomènes qui nous entourent, et dont la
fréquence a fini par nous rendre indifférents. Les pompes, le
siphon, le fusil à vent, les soufflets, la fontaine intermittente,
la fontaine de Héron, le vase de Tantale, le baromètre, etc., etc.,
en sont autant d'exemples, dont notre cadre, restreint aux
expériences susceptibles d'être facilement reproduites, ne
nous permet pas d'aborder l'analyse.

Le tire-pavé des écoliers est un appareil démonstratif
de la pression de l'air, dont ils se servent bien longtemps avant
de soupçonner le phénomène qu'ils renouvellent si souvent.

C'est un disque de cuir mouillé, attaché à une corde et
qu'ils fixent étroitement sur un pavé ; alors ils tirent sur la
corde, de bas en haut, jusqu'à ce que la corde casse ou que
le pavé cède, — ou enfin qu'ils aient reconnu l'inutilité de
leurs efforts pour obtenir l'un ou l'autre de ces deux importants résultats. Quant à détacher la rondelle de cuir par ce
moyen, il n'y faut pas songer, pour peu qu'elle soit d'un
diamètre raisonnable.

L'air, on l'a compris, étant expulsé, la pression atmosphérique agit sur la rondelle avec une puissance — que peu d'entre nous n'ont pas éprouvée.

ACOUSTIQUE

Sans air, point de son. — L'air est par excellence le
véhicule du son ; c'est une vérité qui n'a pas besoin d'être dé-

montrée, puisqu'il suffit de la moindre attention pour s'en assurer. Mais que, sans air, le son n'existe pas, ou du moins qu'il ne se propage pas, bien des gens ne le croiront que sur de bonnes preuves.

Il est facile de les satisfaire.

Placez sous le récipient de la machine pneumatique une sonnerie quelconque en mouvement, faites le vide ; tant qu'il restera un peu d'air, vous entendrez les sons allant s'affaiblissant ; dès qu'il n'y en aura plus, vous n'entendrez plus rien, encore que vous voyiez parfaitement le battant frapper sur le timbre, ou la sonnette s'agiter, etc.

*** Une expérience plus concluante encore consiste à tirer un coup de pistolet sous le récipient — ce qui n'of   pas de très-grandes difficultés. On voit l'éclair du coup, et cependant on n'entend pas le bruit de la détonation.

Propagation du son par les solides. — Placez une montre sur un meuble quelconque, par mesure de précaution sur une sorte de coussin de ouate ; prenez alors un long bâton, supposons un manche à balai ; placez un des bouts de ce bâton sur la montre, appliquez l'autre à votre oreille, et vous entendrez le tictac de la montre aussi distinctement que si c'était elle-même qui fût placée à l'entrée de votre conduit auditif.

Vibrations sympathiques. — Placez à chacune des deux extrémités d'une pièce aussi grande que possible deux diapasons montés, accordés pour la même note, les ouvertures de leurs caisses tournées l'une vers l'autre. Faites vibrer l'un des diapasons en le caressant vigoureusement avec un archet ; puis, lorsque les vibrations auront acquis toute leur étendue, arrêtez-les brusquement en y portant la main.

Le son produit tout à l'heure par les vibrations de ce diapason, vous serez tout étonné de continuer à l'entendre, bien que les vibrations aient bien certainement cessé ; quelques secondes d'attention suffiront d'ailleurs pour vous convaincre qu'il ne vient plus de la même source. Et, en effet, ces vibrations se sont communiquées à l'autre diapason, que vous n'avez pas *éteint*, pour ainsi dire, en portant la main sur le premier ; en conséquence, les vibrations de ce diapason poursuivent leur innocente carrière et mourront de leur belle mort, si vous le permettez.

La corde sensible. — L'expérience suivante est basée sur les mêmes principes que la précédente.

Ayant accordé bien exactement ensemble deux violons, placez-en un, à plat, sur une table; éloignez-vous autant que vous pourrez de ce premier violon, puis donnez un coup d'archet sur une des cordes du second; la corde correspondante du violon placé sur la table vibrera immédiatement à l'unisson et rendra exactement la même note.

Pour rendre plus frappante, et surtout plus amusante, cette curieuse expérience d'acoustique, on fait ordinairement enfourcher les cordes du violon qui est sur la table par un cavalier de papier. Alors, voici ce qui se passe : la corde correspondante, comme accord, à celle que vous touchez avec l'archet, entrant en vibration, fait sauter, quelquefois à une assez grande hauteur, son cavalier de papier, tandis que les cordes voisines ne bougent pas et restent chevauchées, jusqu'à ce qu'il plaise à l'opérateur de les débarrasser à l'aide du même moyen.

⁎*⁎ Ajoutons que si toutes les cordes du violon libre sont en complet désaccord avec celles du violon que vous manœuvrez, vous aurez beau frotter votre archet de colophane et « scier du crin-crin, » l'autre ne bougera pas et ne rendra pas la moindre ondulation sonore.

La danse des atomes. — Fermez une chambre dans les fenêtres de laquelle le soleil donne en plein, ayant soin toutefois d'y laisser pénétrer, par une fente du volet, un trou, une issue étroite quelconque, un mince filet de lumière dans lequel planent tranquillement des myriades d'atomes visibles. Prenez alors un violon, une harpe, une guitare : — préférez-vous la clarinette? ne vous gênez pas. L'important est de produire des ondulations, en vous escrimant de l'archet, des doigts ou de lèvres : aussitôt les mouvements des atomes se régularisent, et les voilà qui sautent, en cadence, avec des bonds insensés ou de petits trémoussements pleins de grâce, suivant la note donnée par l'instrument et la sympathie qu'elle excite en eux.

: ⁎*⁎ Les ondulations sonores ont d'ailleurs une influence sur tous les objets qu'elles viennent heurter, et qui sont eux-mêmes susceptibles de vibrations. Ce n'est pas ici le lieu d'entrer dans de trop grands développements sur cet intéressant sujet; nous pouvons dire cependant qu'un coup d'archet suffit à faire entrer en danse un jet de fumée, de gaz, de flamme, même le filet d'eau qui s'échappe d'un robinet aussi bien que les atomes légers errant dans un rayon de soleil.

Le collier de perles. — « Que l'on dispose, dit M. Henri de Parville, une veine liquide dans une chambre obscure, et qu'on illumine le jet à l'aide d'un de ces appareils d'électricité d'induction qui donnent des étincelles éblouissantes, mais ne durant qu'un instant ; on verra le jet liquide se réduire en gouttes plus ou moins espacées, et chacune d'elles sera transformée en une petite étoile extrêmement brillante. Donnez une note bien choisie, toutes les gouttes éparses se rassembleront et formeront un collier de perles d'une inimitable beauté. Cessez de chanter, le collier sera de nouveau mis en pièces, et ainsi, à volonté, vous le réunirez ou le briserez.

« Cette expérience est saisissante et montre nettement l'influence des vibrations sur la continuité et la dispersion des gouttes. »

L'expérience des deux verres. — Cette expérience n'est pas nouvelle, puisque nous la trouvons indiquée dans les œuvres du P. du Hamel, publiées à Nuremberg en 1687. Elle n'en est pas moins intéressante et curieuse.

On prend deux verres dans chacun desquels on verse un peu d'eau jusqu'au quart de leur hauteur environ ; puis on en ajoute, soit à l'un soit à l'autre, afin de les amener à rendre exactement la *même note*, lorsqu'on les interrogera en les frappant avec la lame d'un couteau ; en un mot, on les accorde à l'unisson l'un de l'autre.

Ce résultat obtenu, on courbe un bout de fil de fer et on le place en travers sur les bords extérieurs de l'un des deux verres ; ensuite on frotte légèrement les bords de l'autre avec un doigt mouillé. Les vibrations musicales produites par ce moyen se communiquent au verre surmonté du fil de fer, qui vibre à l'unisson, pendant qu'au son de cette musique le fil de fer se met à danser.

Le verre musical. — Faire rendre des sons musicaux à un verre n'est pas tout à fait un passe-temps méprisable et qu'il faille abandonner aux petits malheureux qui n'ont point d'autre instrument de musique. En conséquence, nous allons reproduire ici les conseils de M. Tomlinson pour tirer le meilleur parti possible de cet engin musical élémentaire.

« L'*étudiant*, dit M. Tomlinson, trouvera un grand avantage dans l'emploi de l'eau légèrement saturée d'alun, de jus de citron ou d'acide muriatique (esprit-de-sel) ; mais, avec quelque pratique et un peu de tact, l'eau pure lui suffira bientôt parfaitement. On remarquera aussi que la meilleure note est produite quand on se sert du doigt du milieu et en le manœuvrant *de* et non *vers* l'opérateur. Le verre doit être épongé fréquemment, pour en retirer la poussière et les taches grasses qui finissent par maculer ses bords ; et, avant de commencer, l'opérateur fera bien de se laver les mains dans l'eau *chaude*, afin d'amollir la peau de ses doigts ; ensuite il les fera bien sécher, puis les trempera dans l'eau fraîche pour produire les notes requises. »

Et en avant la musique !

Verre brisé par la voix. — Voici une expérience dont nous n'avons jamais été témoin, mais que nous trouvons indiquée dans une foule d'auteurs sérieux : du Hamel, Bartoli, Morhof, Heister, etc., et que rien d'ailleurs ne nous autorise à trouver invraisemblable :

On s'assure de la note spécifique d'un verre, de manière à ce que cette note puisse être exactement reproduite par la voix. Un verre mousseline, légèrement bombé, est préférable à tout autre ; il va sans dire qu'un verre de marchand de vin, fait pour être lancé impunément contre le mur, ne saurait être, dans la circonstance, d'aucun usage. Ce verre sera absolument clair, exempt de tout défaut et surtout de la moindre fêlure ; capable en un mot de rendre une note juste et en rapport avec la voix de l'opérateur. Alors celui-ci se penche sur l'orifice du verre choisi, entonne la note, l'élevant graduellement à l'octave : les particules imperceptibles du verre, ébranlées par ses secousses réitérées, seront agitées d'ondulations que la persistance de l'opération accroîtra à tel point que le verre finira par voler en éclats.

*** On peut substituer, paraît-il, à la voix humaine le son de certains instruments accordés à l'unisson du verre qu'il s'agit de briser, notamment le son du violon.

ÉLECTRICITÉ

La science dont nous allons passer en revue quelques faits curieux doit son nom à l'ambre jaune (en grec, *electron*), dans lequel Thalès de Millet, il y a quelque vingt-cinq siècles, observa le premier le phénomène électrique. Depuis, on a

reconnu que l'ambre n'était pas seul doué de propriétés électriques ; mais conserver son nom grec à cette science est
un acte de justice et de reconnaissance envers l'homme et la
nation qui ont doté l'humanité de cette précieuse découverte,
et auxquels on devait bien cela.

Moyens faciles de produire l'électricité. — Ces
moyens sont généralement connus ; ce ne sont qu'autant d'imita-
tions de celui de Thalès frottant un bout d'ambre sur un morceau
de laine et attirant ensuite, à l'aide de cette substance électri-
sée, des corps légers. Ainsi, prenez un bâton de cire à cacheter,
frottez-le vivement sur un morceau de flanelle, ou bien sur
la manche de votre habit, s'il est en laine, ou mieux en drap ;
puis, placez-le à une petite distance de corps légers, tels que
de petites feuilles de papier ou des débris de paille, ceux-ci
se précipiteront impétueusement sur lui et s'y tiendront atta-
chés quelque temps ; on peut en outre tirer de ce bâton de
cire de petites étincelles en en approchant le doigt. On obtient les mêmes résultats d'un bâton de verre frotté comme
nous l'avons indiqué ; et, de plus, dans l'obscurité, le bâton de
verre paraîtra légèrement lumineux.

Peu de temps après le frottement, les effets électriques
cessent de se manifester ; mais il est à peine permis d'ajouter
qu'on peut les reproduire à volonté.

** Il n'y a pas que le verre et la résine qui soient susceptibles de produire de l'électricité par frottement ; un grand
nombre de substances sont dans le même cas. Une expérience
curieuse, entre autres, est celle-ci : une personne placée sur
un gâteau de résine, on en tire facilement des étincelles en
la frappant avec une peau de chat.

** Présentez au feu une feuille de papier gris, environ
deux fois plus grande que la page où vous lisez ces lignes.
Lorsqu'elle sera bien séchée et chaude, placez-la entre deux
morceaux de flanelle ou de drap, entre lesquels vous la ferez
aller et venir à plusieurs reprises, afin qu'elle soit bien également frottée des deux côtés à la fois. Par ce moyen, votre
feuille de papier acquerra une certaine puissance électrique.
Plaquez-la alors contre la boiserie ou le papier couvrant les
murs de la pièce où vous vous trouvez, et elle y restera collée
pendant quelques minutes au moins.

** Faites chauffer une feuille de verre et étendez-la ensuite, chaque bout supporté, si l'on veut, par un livre, afin de
laisser un espace libre dessous ; répandez sous votre feuille un

peu de son sec ou de quelque autre substance identique ; puis
frottez-en le dessus avec un morceau de soie noire ou de
flanelle chauffée : alors le son se mettra à danser dans le
sens du frottement que vous exécuterez.

Cette expérience est due à Newton, et constitue la seule
découverte qu'il ait faite dans cette science. Mais elle est loin
d'être sans importance, car remarquez qu'on ignorait avant
cette expérience que le verre produisît des effets électriques
du côté opposé à celui de l'excitation.

***** Faites chauffer deux feuilles de papier blanc de mêmes
dimensions devant le feu et placez-les ensuite l'une sur l'autre, soit sur une planche, soit sur un livre, et frottez rudement
avec un morceau de caoutchouc la feuille de dessus. Les deux
feuilles de papier finiront par acquérir une force électrique
telle qu'il sera impossible de les séparer, sans employer les
moyens extrêmes ; de plus, si on les déchire séparément à
l'ombre, elles émettront des étincelles visibles.

***** D'ailleurs en frottant, étendue sur un corps bien uni,
une feuille de papier avec un morceau de caoutchouc, on y
développera une quantité d'électricité suffisante pour y faire
adhérer deux ou trois plumes d'oie.

***** On peut encore obtenir les mêmes effets de la soie.

Attraction et répulsion. — *La plume voyageuse.* ¬
Ayez une planche épaisse, sur le bord de laquelle, vers le
milieu, vous fixerez une sorte de petite potence de bois
mince, et laissez pendre de l'extrémité de la potence un fil
de soie blanche au bout duquel sera attachée une petite
plume très-fine et très-soyeuse. De chaque côté, et à distance
égale du point où pend la petite plume, plantez sur votre
planche, à droite, un bâton de verre, à gauche un bâton de
cire à cacheter ; frottez bien le premier avec un morceau de
soie bien sec, le second avec un morceau de drap. De cette
manière, vous provoquez dans l'un et dans l'autre une manifestation d'électricité que, pour ne pas entrer dans une
question de controverse mal en son lieu ici, nous appellerons
positive, dans le verre, et *négative*, dans la résine.

Alors votre plume, sollicitée tour à tour par l'un et l'autre,
voyagera sans cesse du bâton de verre au bâton de cire à
cacheter.

***** Il vous sera facile de vous apercevoir si vous avez, par
un frottement inégal, déterminé l'émission d'une plus grande
quantité d'électricité dans l'un des bâtons que dans l'autre :

la plume se porterait dès lors vers le pôle trop puissant et y resterait attachée. — Vous remédiez à cet état de choses en frottant à nouveau le bâton insuffisamment électrisé.

Machines électriques économiques. — Prenez une bouteille commune, de préférence une bouteille à eau gazeuse, n'ayant point de fond renflé en dedans, mais d'un verre assez épais. Percez un trou au fond de votre bouteille, d'une dimension égale à l'ouverture du goulot. Ceci s'obtient aisément à l'aide d'une *mèche*, ou mieux d'un taraud de filière imprégné d'acide sulfurique dilué, — et d'ailleurs peut être fait, au besoin, sans grande peine ni beaucoup de frais, par un serrurier.

Votre bouteille percée au fond, vous passez au travers, par ce trou et le goulot, un bâton, dont une extrémité sera dressée carrément, de manière à pouvoir y assujettir une manivelle; ce bâton devra être du calibre exact des deux trous par lesquels il passe.

Maintenant il s'agit de monter l'engin sur une sorte de châssis en bois, assez semblable à celui d'un dévidoir, avec planche de dessous et deux montants ou supports, où les deux extrémités du bâton seront engagées. Ensuite on confectionnera une sorte de coussin de cuir non verni ni ciré, rembourré de laine, que l'on montera sur un autre support, dressé de manière à ce que ce coussin frotte les flancs de la bouteille lorsqu'on mettra la manivelle en mouvement. Un morceau de soie noire sera, en outre, cousu à la partie supérieure du coussin et pendra par-dessus la bouteille; on étendra sur le coussin la composition suivante : une partie d'étain et deux parties de zinc fondues ensemble, auxquelles on ajoutera, lorsqu'elles seront encore liquides, six parties de mercure, bien mêlées, en tournant jusqu'à complet refroidissement. Lorsque l'amalgame refroidi aura recouvré l'état solide, on le réduira en poudre fine dans un mortier; à l'aide d'une quantité suffisante de saindoux, on en formera une pâte épaisse dont on enduira le coussin.

Cela fait, la machine sera complète et prête à fonctionner.

Le conducteur. — La friction provoquée par la manivelle entre le coussin et la bouteille produit une certaine quantité d'électricité; mais, pour en pouvoir tirer parti, il faut un corps conducteur qui la tire de son foyer.

Prenez un cylindre de bois tourné, d'environ six pouces de long et deux pouces et demi de diamètre, correctement arrondi aux deux bouts; couvrez-le d'une feuille d'étain et montez-le sur une baguette de verre. Pour l'employer, on le place dans la direction de sa longueur; on insère dedans quelques épingles, les pointes en dehors, dans une même ligne et à un centimètre et demi environ de la bouteille; et il aura une hauteur suffisante pour atteindre juste au bord inférieur du tablier de soie.

Si l'on désire charger une bouteille de Leyde, elle devra naturellement être placée au bout arrondi du conducteur.

*** Par ces moyens élémentaires, il est possible d'exécuter une grande variété d'expériences amusantes.

Autre. — Prenez une planche de sapin bien dressée, de moins d'un centimètre et demi d'épaisseur, et découpez-la circulairement. Couvrez bien proprement et uniment votre disque de bois d'étain en feuille, le collant dessus avec soin et évitant qu'il y ait des inégalités sur les bords. Fixez alors au centre de votre planche ainsi couverte un manche de verre ou de bois dur séché au four et enduit de résine ou de cire à cacheter. Cela fait, vous fixez près du bord de sa surface extérieure, c'est-à-dire du côté du manche, une petite tige de cuivre surmontée d'un bouton également de cuivre. La première partie de votre machine ainsi complétée, vous vous occupez de la seconde.

Cette seconde partie ou *électrophore* se compose d'un disque semblable au premier, mais un peu plus large et composé des matières et de la façon suivantes : prenez une feuille d'étain plus large que le plateau que vous voulez construire, étendez-la bien nettement sur un plat de terre de dimension convenable, de sorte que les bords de la feuille d'étain puissent être relevés autour de la circonférence. Alors faites fondre dans une grande cuiller de fer parties égales de gomme laque, de résine commune et de térébenthine de Venise; conservez au mélange une chaleur modérée, jusqu'à ce que la fumée cesse de s'élever; alors, quand il sera devenu un peu plus épais, mais encore assez liquide pour pouvoir s'étendre facilement, versez-le dans la feuille d'étain, jusqu'à une hauteur d'environ un centimètre et demi; laissez-le refroidir ainsi, puis ébarbez-en bien soigneusement les bords et placez-le sur une planche épaisse, le côté recouvert d'étain en dessous, ayant soin de le maintenir au centre de cette espèce de socle, à l'aide de quatre tasseaux.

Il faut prendre bonne note que, pour obtenir tout le succès

désiré, il est indispensable que la feuille d'étain soit bien étendue et n'offre ni éraillures ni inégalités d'aucune sorte.

*** Pour faire usage de cette machine, il faut chauffer légèrement l'appareil, en tenant la partie supérieure par le manche, sans toucher à la feuille d'étain; prenez alors un morceau de flanelle chauffée que vous roulerez lâchement, que vous passerez vivement en tirant vers vous sur le plateau résineux jusqu'à production d'électricité. Ensuite placez le plateau supérieur dont le manche aura été préalablement chauffé, afin qu'il soit parfaitement sec, sur le plateau résineux; et en touchant le bouton de cuivre planté sur le premier plateau, vous en tirerez des étincelles. Aussitôt, enlevez le plateau par son manche et touchez de nouveau le bouton, vous obtiendrez cette fois des étincelles plus vives, et pourrez répéter l'opération jusqu'à ce que l'effet électrique que vous pourrez facilement reproduire cesse tout à fait.

La bouteille de Leyde. — La bouteille de Leyde est employée pour obtenir une grande quantité d'électricité par accumulation. Elle se compose d'un bocal en verre dont les parois intérieures et extérieures sont couvertes, jusqu'aux quatre cinquièmes de la hauteur de la bouteille, de feuilles d'étain; une tige métallique, dont un bout, garni d'un bouton de cuivre, sort par le bouchon, est plongée dans l'appareil. On *charge*, suivant l'expression consacrée, une bouteille de Leyde, en présentant son bouton de cuivre au conducteur de la machine,— le petit bouton de cuivre du plateau supérieur dans la machine élémentaire dont la description précède, au moment où brille l'étincelle produite par les moyens que nous venons d'indiquer.

Lorsqu'on veut obtenir des effets d'une énergie particulière, on réunit plusieurs de ces bouteilles : c'est ce qu'on appelle une *batterie électrique*. — Mais ce n'est pas avec l'un ou l'autre des deux engins que nous venons de décrire qu'on parviendrait à charger une telle batterie.

*** Nous n'avons pas l'intention de décrire la machine électrique actuellement en usage; elle est trop compliquée, quoique peut-être pas autant qu'elle le paraît, pour permettre de la construire soi-même. Nous dirons toutefois que, dans la plupart des expériences dont nous allons entretenir le lecteur, elle serait utile, quelquefois indispensable.

Les danseurs électriques. — Prenez deux plateaux de bois de forme discoïde et couvrez-les de feuilles d'étain

(deux plateaux de cuivre peuvent être également employés à
cette expérience). Attachez l'un de vos plateaux au conducteur d'une machine, au moyen d'une chaîne qui le tiendra
suspendu à 7 ou 8 centimètres du bouton. L'autre plateau
sera placé immédiatement au-dessous, et garni de deux ou
trois balles, ou de petits pantins taillés dans de la moelle de
sureau.

Aussitôt que le plateau supérieur, placé comme nous l'avons
dit, se trouvera chargé d'électricité, on verra les balles ou
les pantins de sureau, tout à l'heure immobiles, s'élever tout
à coup et danser rapidement en faisant les contorsions les
plus grotesques.

*** La même expérience peut être produite d'une autre
façon, mais avec l'avantage de paraître tenir absolument
du sortilége pour des spectateurs non prévenus.

Prenez un grand verre à pied, bien séché préalablement ;
placez-le sur le bouton du conducteur, pendant que la machine
est en mouvement, de manière que le bouton porte sur le
fond du verre ; et après quelques minutes, ayant disposé
sur la table vos balles et pantins de moelle de sureau, couvrez-les de votre verre chargé d'électricité. Alors ceux-ci se
mettront à danser, au grand ébahissement des spectateurs,
auxquels la cause d'un pareil phénomène échappe nécessairement.

Le moulin électrique. — Faites une croix de fil de
fer, dont les pointes seront recourbées. Présentez au conducteur cette croix, au moment où la machine sera en action,
et l'électricité, en passant le long du fil, fera tourner rapidement ce moulin *à vent* d'un nouveau genre.

Le carillon. — L'expérience suivante donne une démonstration aussi complète que possible du phénomène d'attraction et de répulsion dont nous avons eu déjà à nous occuper :

Suspendons par son milieu au conducteur de la machine,
au moyen d'une courte chaîne, une sorte d'arc de cuivre. Aux
deux extrémités de cet arc sont suspendus deux timbres, au
moyen de chaînes de cuivre ; il y en a un autre au centre de
l'arc, suspendu, celui-là, par le secours d'une corde de soie.
Les trois timbres ainsi disposés sont séparés par deux petites
boules de cuivre, également suspendues, et à même hauteur
que les timbres, par des cordes de soie, enfin une chaîne pend
du timbre central jusqu'à la table.

Aussitôt la machine en mouvement, l'électricité passe tout

le long de l'arc de cuivre, puis le long des chaînes de cuivre qui tiennent les timbres des extrémités suspendus, lesquels se chargent d'électricité. Les petites boules de cuivre intermédiaires commenceront alors à entrer en danse, s'agitant entre les timbres extrêmes et celui du milieu, conduisant l'électricité de ceux-là à celui-ci qu'isole sa corde de soie, d'où la chaîne qui pend de ce dernier timbre l'entraînera vers le sol.

Et tant que le phénomène durera, les timbres heurtés par les boules de cuivre produiront un carillon retentissant.

∗ Il existe diverses manières de produire le carillon électrique, mais toutes basées sur un même principe.

Le verre brisé par le choc électrique. — Dans un verre aux deux tiers rempli d'eau, placez les extrémités terminées par un bouton de deux fils de fer recourbés, de manière à ce que les deux boutons immergés se trouvent séparés l'un de l'autre par un espace d'environ 1 centimètre et demi ; reliez l'extrémité opposée de l'un des fils à la couverture extérieure d'une bouteille de Leyde chargée, et celle de l'autre fil à sa couverture intérieure ; au moyen de la baguette, déterminez l'explosion : le verre sera alors brisé violemment.

∗ De même, on pourrait faire éclater de fortes pièces de bois et des pierres ; mais, naturellement, la charge devrait être sensiblement plus considérable.

∗ Il est toutefois possible de communiquer le choc électrique à un verre rempli d'eau sans le briser. On décompose même, par ce moyen, l'eau de ses gaz constituants, sans donner lieu à la moindre explosion, en faisant usage d'un tube de verre d'environ 32 centimètres de longueur sur 3 à 4 millimètres de diamètre, de fil d'or, etc. Mais ce n'est pas ici le lieu de nous occuper de cette intéressante expérience.

Démonstration de la formation des orages. — Sur une planche carrée, un peu plus longue que large, dressez, un à chaque bout, deux petits poteaux surmontés de petites poulies sur lesquelles passe aisément un cordeau de soie, un second cordeau de soie réunissant horizontalement deux morceaux de mince carton couverts d'étain en feuille et découpés de manière à simuler deux nuages, lesquels sont mis en communication, au moyen de minces fils métalliques, l'un avec l'intérieur, l'autre avec l'extérieur d'une bouteille de Leyde chargée.

Cela fait, en tirant le bout pendant du cordeau de soie passant sur la poulie, on amènera doucement les deux nuages simulés assez près l'un de l'autre pour que l'espace qui les sépare ne soit plus que de trois centimètres au plus. (Ces nuages, nous avons oublié de le dire, doivent être pourvus chacun d'une petite boule de cuivre, semblable à celles dont nous avons déjà parlé plus d'une fois). Alors un éclair magnifique, ressemblant beaucoup à un véritable éclair d'orage en miniature, passera d'un nuage à l'autre, n'ayant d'autre but que de rétablir l'équilibre électrique, mais représentant assez exactement à nos yeux prévenus le phénomène si connu de l'orage électrique, dont ceci n'est, somme toute, qu'une réduction aussi parfaite que possible avec les éléments dont il nous est possible de disposer.

GALVANISME OU ÉLECTRICITÉ PAR CONTACT

Le contact de certaines substances, aussi bien que le frottement, est un moyen puissant d'isolement du fluide électrique, et tous les phénomènes dus à cet isolement sont reproduits en conséquence aussi énergiquement au moins par le dernier moyen que par le précédent, sans parler d'applications spéciales, principalement à l'industrie, dont le galvanisme seul pouvait nous offrir l'occasion.

C'est Galvani, ainsi que le nom de cette subdivision de la science électrique le rappelle avec justice, qui observa le premier le développement de l'électricité par le simple contact de deux substances, et cette découverte se produisit dans des circonstances assez curieuses pour être racontées en peu de mots.

La femme de Galvani, atteinte d'une affection de poitrine, avait été mise au régime du bouillon de grenouilles. Quelques-uns de ces animaux, tués et dépouillés, avaient été placés sur la table du laboratoire, dans le but de servir à des expériences non encore parfaitement définies dans l'esprit du physicien. Elles gisaient donc sur cette table, momentanément abandonnées du maître, près d'une machine électrique avec laquelle un de ses élèves se livrait à des expériences n'ayant toujours aucun rapport avec l'électricité par contact ni même avec les grenouilles, — Mais voici que l'élève, pendant que la machine était en action, touche un nerf

découvert de la jambe d'une grenouille avec la lame d'un
couteau qu'il tenait à la main, et aussitôt le membre tout
entier entre dans de violentes convulsions !

Ce phénomène fut d'abord attribué, et, dans le principe,
avec raison, à l'électricité de la machine communiquée par
un excellent conducteur, le couteau de l'élève ou tout autre,
aux nerfs de l'animal. Galvani, instruit de cette découverte, se mit aussitôt à l'œuvre pour en rechercher la cause
vraie, et ce ne fut pas tout de suite qu'il reconnut que l'effet
observé pouvait se produire indépendamment de la machine
électrique par le contact de deux métaux, ou la mise en
communication d'un muscle découvert et du nerf crural.

En ajoutant que Volta, en imaginant la pile qui porte son
nom, compléta la découverte de Galvani ; que l'invention de
l'électro-magnétisme par OErsted lui a donné à peu près sa
dernière perfection, et que c'est à ces perfectionnements
successifs que nous devons l'application de l'électricité aux
arts, à l'industrie et à la télégraphie, nous aurons dit tout
ce qu'il importe de savoir pour se rendre un compte exact
de l'influence considérable exercée par la découverte de l'il-
lustre physicien italien.

**Moyen élémentaire de produire l'action gal-
vanique.** — Ayez un morceau de zinc taillé de la grandeur
d'une pièce de deux francs ; placez la plaque de zinc *sur* le
bout de votre langue et la pièce de deux francs dessous ;
amenez ces deux disques métalliqués en contact *devant* le
bout de la langue : aussitôt vous éprouverez une sensation
particulière ressemblant à un choc électrique léger dans les
nerfs de cet organe, accompagné de saveur saline ; si les
deux disques étaient d'un diamètre plus étendu, on éprou-
verait en outre la sensation d'une étincelle passant devant les
yeux.

*** Un sou pourrait remplacer la pièce de deux francs ;
nous ne l'avons pas indiqué, à cause de la répugnance naturelle qu'on éprouve à s'introduire une pièce de cuivre dans
la bouche.

Des plaques de cuivre et des plaques de zinc alternées,
enfin, constituent les éléments les plus puissants d'une pile
de Volta. Et, pour le dire en passant, beaucoup de physiciens
ont su obtenir des effets très-énergiques, par exemple la décomposition de l'eau, avec des piles composées de sous et de
disques de zinc de diamètre égal.

Construction d'une batterie galvanique. — Prenez un verre, — un verre sans pied, — remplissez-le presque d'eau pure, ou mieux de sept parties d'eau et une partie d'acide sulfurique environ ; placez dans le liquide, à une certaine distance l'une de l'autre, deux plaques de métal dissemblables, soit une plaque de cuivre et une plaque de zinc, ayant, à leur extrémité supérieure émergeant du liquide, chacune un assez long fil de laiton soudé. L'extrémité de celui de ces fils qui est attaché à la plaque de cuivre est appelée le *pôle positif* et l'autre le *pôle négatif* de la *batterie*.

Au moment où les plaques de métal sont immergées ainsi dans l'acide sulfurique dilué, il ne se produit pas d'action chimique ; mais en mettant en contact les deux pôles, c'est-à-dire les deux extrémités des fils de laiton, on verra des bulles d'air s'échapper des deux plaques métalliques, le zinc sera lentement dissous par l'acide, tandis qu'un courant continu d'électricité s'établira, traversant le liquide, du zinc au cuivre, de celui-ci aux fils de laiton, pour repasser dans le verre ; et ainsi de suite. C'est ce qu'on appelle *cercle* ou *courant galvanique*.

Ce courant toutefois est d'une extrême faiblesse, bien que, si les plaques métalliques sont assez grandes, on puisse obtenir un courant très-sensible, et que chaque fois, en pareil cas, que les deux pôles sont mis en contact, il y ait production d'étincelles et, à la longue, échauffement des fils.

Mais on peut, en multipliant les verres ainsi préparés, accroître la production d'électricité. Ainsi, prenons six verres, tous uniformément chargés de deux plaques de métal différent et remplis en partie d'acide sulfurique dilué ; réunissons par des fils de laiton les plaques de chacun de ces verres, de manière que la plaque de cuivre du premier soit reliée à la plaque de zinc du second, et ainsi de suite. On obtiendra par ce moyen un courant d'électricité beaucoup plus considérable, une *batterie* enfin, d'une énergie déjà respectable.

Décomposition des liquides et des métaux par le courant galvanique. — Dans l'expérience précédente, nous avons vu des bulles s'échapper des plaques métalliques immergées dans l'eau acidulée : celles qui s'échappaient de la plaque de cuivre étaient des bulles de gaz hydrogène, un des éléments de l'eau ; l'autre élément, l'oxygène, était en même temps séparé par la plaque de zinc ; mais aussitôt ce gaz se combinait avec le zinc en dissolution, pour former un nouveau corps, l'oxyde de zinc, qui s'unissait ensuite à l'acide sulfurique pour former un sulfate de zinc, restant quelque temps en dissolution et tombant enfin au fond du verre sous la forme de cristaux.

Si maintenant, au lieu de vous servir simplement d'eau et d'acide sulfurique, vous y faites dissoudre d'abord, dans un verre à part, quelques cristaux de sulfate de cuivre (vitriol bleu) et que vous placiez les deux extrémités des fils de laiton de la batterie dans ce liquide, le courant d'électricité séparera le cuivre de sa solution, et le fil attaché à la plaque de zinc se couvrira aussitôt d'une très-belle couche de cuivre métallique; et cette action continuera jusqu'à ce que *tout* le cuivre soit extrait de la solution, supposé, bien entendu, que le courant électrique soit maintenu sans interruption jusque-là.

Procédé pour obtenir copie d'une médaille, etc. — Si vous fixez, en conséquence, l'empreinte convenablement préparée d'une médaille, par exemple, au fil de la plaque de zinc de votre batterie, le cuivre ainsi décomposé sera déposé sur ce moule, jusqu'à une épaisseur suffisante (par l'emploi d'éléments suffisamment énergiques) pour l'emplir entièrement et présenter ainsi une copie parfaite de la médaille dont l'empreinte a été prise.

*** Mais autre chose est de bien comprendre théoriquement les effets produits par la pile voltaïque, et de les mettre en pratique, surtout en ce qui concerne la *galvanoplastie*. C'est pourquoi nous jugeons inutile de nous engager plus avant dans une pareille voie.

De même l'application du galvanisme à la télégraphie ne saurait constituer un champ très-fécond de « récréations scientifiques » du coin du feu. On comprend en quoi consiste cette application; nous n'avons donc pas à y insister; et, malgré l'attrait que nous offrirait le développement d'une aussi intéressante question, force nous est de nous arrêter aux limites que la nature de notre ouvrage nous impose.

MAGNÉTISME

Le magnétisme comporte l'étude des propriétés de l'aimant, minerai naturel de fer qui attire à distance, comme on sait, le fer, l'acier, le cobalt, le nickel, et se les attache fortement. Ce minerai est mêlé, dans la nature, de particules pierreuse, ce qui lui a valu son nom dans quelques pays, par exemple en Islande, de *leiderstein*, qui peut se traduire par « pierre qui commande, » qui conduit; comme le mot anglais *loadstone*, également employé pour qualifier l'aimant, auquel nous avons conservé, nous, son nom grec, qui signifie indomptable. Enfin les Anglais et les Allemands appellent encore l'aimant *magnet*, comme les Latins; et tout l'univers savant donne à l'étude des propriétés de l'aimant le nom de *magnétisme*, en mémoire de ce qu'on le trouvait jadis en grande abondance près de Magnésie, en Lydie.

La découverte de l'inclinaison magnétique des pôles de la terre a été d'un immense avantage aux navigateurs modernes, car les anciens ignorèrent toujours ce phénomène. — Mais nous ne pouvons nous occuper ici de ce point si important de la science du magnétisme, non plus que des diverses applications de la boussole, etc., toutes choses dépassant nécessairement le niveau de simples et innocentes « récréations ».

Procédé pour aimanter un barreau ou une aiguille d'acier sans le secours d'un aimant naturel ou artificiel. — Le seul moyen connu d'aimanter un barreau d'acier ou une aiguille, autrefois, était de les frotter fortement avec un aimant naturel ou un barreau déjà aimanté; cette façon de procéder ne communiquait jamais d'ailleurs une aimantation bien intense. Les travaux d'Ampère et d'Arago, en France, de Faraday en Angleterre, etc., en même temps qu'ils apportaient des preuves irréfutables en faveur de la connexité étroite de l'électricité et du magnétisme et fondaient sur des bases durables l'*électro-magnétisme*, nous ont fourni les moyens d'aimanter sans aimant.

Il suffit pour cela d'entourer le corps qu'il s'agit d'aimanter d'un fil disposé en hélice, dans lequel on établit des courants électriques, soit en le faisant communiquer aux deux pôles de la pile, soit au moyen des décharges successives d'une batterie électrique.

*** Nous n'avons pas à recourir à ce moyen; le prix des aimants artificiels dont nous pouvons avoir besoin pour nos petites expériences — de ces petits aimants en fer à cheval si connus — est tellement insignifiant qu'il ne nous laisse aucun prétexte de faire à ceux qui les vendent une concurrence désastreuse — pour nous.

Faire un aimant artificiel. — Le moyen le plus ordinaire de faire un aimant artificiel, ou plutôt d'aimanter un morceau d'acier, une aiguille, consiste à frotter le corps en question contre un aimant naturel ou artificiel. Prenez, par exemple, une aiguille, et passez le pôle nord d'un aimant tout le long, du gros bout à la pointe,—jamais dans le sens contraire; après quelques minutes de cet exercice, votre aiguille sera aimantée, attirera des particules de fer, et vous permettra même quelques petites expériences intéressantes.

Aimanter une barre de fer sans le secours d'un aimant, ou celui d'une machine électrique. — Tenez votre barre de fer — disons un tisonnier — dans la main gauche, légèrement inclinée de la perpendiculaire, la pointe inférieure tournée vers le nord; administrez-lui, dans cette position, de vigoureux coups de marteau, à plusieurs reprises, et de manière à ce qu'ils glissent le long de votre barre de fer sur une certaine étendue, de haut en bas, et l'échauffent.

Cet exercice ayant été répété assez longtemps, vous vous apercevrez que votre tisonnier, ou autre, possédera, quoique légèrement, les propriétés de l'aimant, — soit celle d'attirer les particules de fer non aimantées.

Polarité de l'aimant. — La méthode la plus simple pour démontrer la polarité de l'aimant est la suivante : prenez un morceau de liége de dimension convenable, pratiquez-y, en travers, une légère rainure et placez dans cette rainure une aiguille aimantée; placez alors votre petit appareil dans un bassin rempli d'eau, de manière à ce qu'il puisse librement surnager; vous verrez bientôt votre aiguille, — ou votre fil d'acier quelconque — tourner vers le nord son pôle nord, et par conséquent son pôle sud au sud, comme c'est le cas pour la boussole construite sur ce principe.

Au lieu d'un seul appareil, placez-en deux dans votre vase plein d'eau, où ils se trouveront dans une position parallèle, les mêmes pôles tournés vers le même point; ils se repousseront l'un l'autre; mais si vous présentez le pôle sud de l'un au pôle nord de l'autre, ils s'attireront mutuellement.

La pêche miraculeuse. — On trouve facilement à se procurer cette sorte de poissons chez les marchands de jouets d'enfants, par exemple : ils sont creux, en métal peint, pour ajouter à l'illusion, et ont dans la bouche un bout de fil de fer aimanté. Quand on les place dans l'eau, ils y flottent comme s'ils étaient dans leur élément. On a une ligne—comme toutes les lignes, pourvue d'un hameçon—comme tous les hameçons, excepté qu'il est lui-même fortement aimanté ; mais il peut se passer d'autre appât, l'aimantation lui suffit.

Il suffit, pour faire une pêche abondante, de placer autant de poissons qu'on en veut prendre, préparés comme nous avons dit ci-dessus, dans un baquet de grandeur suffisante, c'est le plus sûr. On jette la ligne de manière à mettre en rapport intime le nez du poisson et l'hameçon ; et autant de fois que ce rapprochement a lieu, autant de fois un poisson se précipite sur l'appât magnétique et est pris aussitôt par l'heureux pêcheur.

Le canard capricieux. — Étant donné un canard— en liège, avec un petit morceau d'acier aimanté dans le bec, et se prélassant sur la surface, limpide ou non, de l'eau d'un bassin, vous pouvez, à votre gré ou au sien, c'est affaire à vous d'en décider, le faire approcher ou fuir. Il suffit pour cela de se munir d'une baguette de 25 à 30 centimètres de longueur, pourvue à son extrémité d'un morceau d'acier fortement magnétisé, facile à mouvoir et où vous pouvez aisément reconnaître le pôle nord et le pôle sud : pour le faire venir à vous, vous lui présentez le pôle nord; pour le faire fuir, vous lui présentez le pôle sud.

*** Au lieu d'un canard (et pour le dire en passant, si vous découpez celui-ci vous-même, vous ferez bien de le couvrir d'une couche suffisante de cire blanche et de lui enfoncer dans la tête de petites perles de verre pour simuler les yeux), on peut aussi bien attirer et repousser alternativement, cela se comprend, tout autre objet à propos choisi, tel qu'un navire tout gréé, un monstre marin, etc., pourvu que ces objets n'affectent pas des proportions colossales et soient munis au bon endroit d'un morceau de fer aimanté.

Heureux parti qu'on peut tirer du canard magnétique. — Il nous souvient d'avoir assisté à une séance de « physique amusante » où le canard que nous venons de présenter au lecteur, ou quelqu'un de ses proches parents, disait très-correctement le nom d'une personne de la société qui ne l'avait pourtant confié qu'à l'habile mais discret opérateur—ou du moins l'épelait-il. Voici comment s'accomplissait ce prodige inouï :

Sur la paroi intérieure, tout près du bord du bassin au milieu duquel flottait le canard, les vingt-quatre lettres de l'alphabet étaient gravées—ou peintes, je ne me rappelle plus lequel. L'opérateur possédait un aimant d'une grande puissance, caché sur lui, de manière à ne pouvoir être soupçonné que de ces gens insupportables qui s'avisent de tout, même de ce qui ne peut être. S'agissait-il de faire épeler au canard le nom de Marie : son maître s'approchait du bassin, de sorte que son aimant portât d'abord sur la lettre M, puis sur la lettre A, et ainsi de suite ; et le canard suivait docilement son maître, tapant du bec sur chaque lettre indiquée à son tour.

 ⁎ Une imagination féconde ne manquera pas de trouver de nombreuses applications de ce principe, fort simple, comme on voit, mais qu'il faut connaître pour ne point se sentir porté à crier au miracle dans des occasions comme celle que nous venons de rappeler.

L'araignée magique. — Un exemple à l'appui de ce que nous venons d'avancer : supposons, au lieu d'un canard, une araignée, et, au lieu d'un bassin rempli d'eau, un cadran mince, en carton par exemple, sur lequel, au lieu des lettres de l'alphabet, nous aurons des chiffres. En faisant mouvoir sous le cadran un aimant d'une force suffisante, l'araignée, qui aura sous le ventre un petit morceau de fer, se précipitera, à l'appel de l'aimant, sur les chiffres dont la réunion doit former l'âge exact d'un spectateur, ou le nombre de ses enfants, ou le chiffre de ses revenus, ainsi que toute autre opération d'arithmétique non moins intéressante et compliquée.

Particularités curieuses de l'aimant. — Il est reconnu que des fers à repasser qui sont longtemps restés debout dans une chambre, pendant les mois d'été, ont contracté des propriétés magnétiques souvent assez considérables.

Des barreaux de fer placés verticalement et maintenus dans cette position, de manière ou d'autre, tels que les barreaux de fenêtres, ceux des grilles de jardins, etc., sont souvent magnétiques.

Le revêtement de fer des vaisseaux cuirassés affecte puissamment, par les propriétés magnétiques qu'il possède, l'aiguille de la boussole ; et il a fallu par des combinaisons ingénieuses obvier à la déviation qui en résultait et qui eût compromis gravement la conduite de ces bâtiments.

Un aimant plongé dans l'eau bouillante perd une grande partie de ses propriétés magnétiques ; mais il les recouvre peu à peu à mesure du refroidissement.

Un coup violent et soudain porté à un aimant peut détruire son pouvoir magnétique.

11

OPTIQUE

L'optique est peut-être, de toutes les sciences physiques, celle qui offre le plus vaste champ aux récréations les plus variées. C'est aussi vraisemblablement une des plus ancien-nement connues et pratiquées, mais en secret, par les prêtres du paganisme auxquels elle donnait sur le vulgaire une in-fluence presque sans limites. Tout ce que nous pouvons faire aujourd'hui, sans autres obstacles que la question d'argent ou la difficulté d'un emplacement convenable, les prêtres de l'an-tiquité le faisaient couramment, — mais la science n'y gagnait pas grand'chose. Les évocations de spectres, la fantasmago-rie, la lanterne magique même faisaient évidemment partie de la célébration du culte dans les temples païens, et l'on n'avait pas à se plaindre en ce temps que Dieu, — c'est-à-dire que tel ou tel dieu, ne se montrât pas aux hommes, car il semble au contraire qu'on leur en faisait voir de toutes les couleurs.

Ce qu'il y a de plus étrange en tout ceci, c'est que les sa-vants de l'antiquité dont nous possédons les travaux ne sem-blent avoir jamais éprouvé le moindre soupçon de superche-rie là où de nos jours, heureusement, un écolier de huitième ne manquerait pas de crier au charlatan. Après tout, peut-être étaient-ils dans le secret et se sont-ils tus par raison d'État.

Il est probable, toutefois, que nos évocations de spectres, au moins depuis Robin, ont atteint un degré de perfection ignoré des anciens qui ne connaissaient pas l'art de couler le verre et, par conséquent, ne pouvaient obtenir les glaces bien pures et de dimensions relativement considérables qui nous permettent de réussir complétement dans cette expérience difficile. Mais n'insistons pas sur ces considérations rétrospectives et négli-geons le côté purement scientifique de notre intéressant sujet ; c'est du côté pittoresque qu'il faut maintenant nous occuper.

Considérations générales sur la vision (*illusions optiques*). — Sans vouloir entreprendre une description minu-tieuse de l'organe de la vision, de l'œil, ce qui nous entraî-nerait trop loin, nous ne pouvons guère cependant ne point nous arrêter sur quelques-uns des *effets* les plus décisifs et les plus intéressants de la visibilité, étroitement liés à la produc-tion de certains phénomènes que la connaissance de ces effets sert à expliquer.

Ainsi, lorsque vous regardez un objet unique, l'image de cet objet est réfléchie sur la rétine de chacun de vos yeux; cependant vous ne concevez pas deux objets semblables, mais un seul objet, parce que le nerf optique de chaque œil se relie à un même point dans le cerveau. Les deux yeux sont indispensables à une perception nette, distincte, des objets; les deux yeux seuls donnent, ou plutôt restituent aux objets perçus leur relief naturel ; si l'œil unique d'un borgne paraît remplir le même objet, ce n'est que par l'habitude que le cerveau en a contractée.

Mais lorsque vous regardez deux objets semblables, vous ne les percevez distinctement qu'à la condition de les placer au delà du croisement des axes optiques; si vous les placez en deçà, au contraire, ils se confondront et il vous semblera qu'il n'y en a plus qu'un.

Confusion des objets à une distance déterminée (*expérience*). — La preuve de ce que nous venons d'avancer est des plus faciles : prenez deux petits cubes de forme identique, mais de couleurs différentes; placez-les au delà du croisement des axes optiques de vos yeux, vous les distinguerez nettement; placez-les en deçà, vous ne verrez plus qu'un cube unique, dont la couleur, produit de la confusion du rouge et du bleu, sera violette.

Différence du relief des objets perçus avec deux yeux ou avec un œil unique. — Les photographies stéréoscopiques sont prises à des perspectives différentes, correspondant aux angles optiques; comparez ces photographies isolément, puis voyez-les à l'intérieur du stéréoscope; cette différence vous paraîtra évidente, en quelque sorte tangible.

Le point aveugle, ou point mort. — Il existe dans nos yeux un point qui ne voit pas, et dans la direction duquel, en conséquence, les objets passent insoupçonnés. C'est ce point qu'on désigne ordinairement sous le nom de « point aveugle » ou de « point mort ».

Prenez une feuille de papier blanc et tracez-y, à une distance de trois centimètres et demi environ, deux points noirs de dimension semblable, disons deux taches d'encre. Ayant cette feuille de papier ainsi maculée dans votre main, fermez l'œil gauche et, avec l'œil droit, fixez la tache d'encre située à gauche, ce qui ne vous empêchera pas de voir l'autre tache. Mais en approchant de votre œil ouvert, toujours fixé dans la même direction, votre feuille de papier, vous l'amènerez à un point où tout à coup, la tache de droite deviendra invisible, bien qu'évidemment dans le champ visuel.

Ce point se trouve ordinairement à une distance de sept à huit centimètres de l'œil. Rapprochez encore votre papier, la tache reparaîtra.

Si au lieu de tenir constamment votre œil fixé sur la tache de gauche, vous le laissez errer sur la feuille de papier, l'autre tache demeurera visible. Le phénomène est donc bien réellement dû à une disposition particulière, pour ne pas dire un défaut de la rétine, qui n'est pas impressionnable dans toute son étendue. Et, chose plus étrange encore! ce « point aveugle » se trouve justement correspondre à l'endroit où le nerf optique s'épanouit et forme la rétine.

Spectres oculaires ou couleurs accidentelles. — On sait que la rétine conserve, quelque temps au delà du moment de l'impression, l'image qu'elle a réfléchie ; lorsqu'il s'agit d'une couleur éclatante ou d'un point lumineux, l'impression conservée par la rétine n'est plus celle de la couleur réelle qu'elle a réfléchie, mais celle de la couleur complémentaire, qui, avec la couleur primitive, formerait le blanc ; en d'autres termes, elle garde l'impression seulement du *spectre* de la couleur réfléchie.

Ainsi, isolez sur une feuille de papier une découpure quelconque de couleur violette, par exemple, et fixez cette découpure pendant quelque temps, il vous semblera bientôt que sa couleur diminuera d'éclat ; reportez alors vos yeux sur le papier blanc, et ce ne sera plus du violet que vous verrez, mais une tache *jaune*, de la même forme que la figure violette que vous fixiez tout à l'heure, le jaune étant la couleur complémentaire du violet.

Lorsque, dans l'obscurité, on abaisse brusquement ses paupières, on se trouve également sous l'influence de cette erreur d'optique désignée sous le nom de « couleurs accidentelles ».

Les auréoles accidentelles. — Les couleurs qui entourent comme d'une « auréole » l'objet longtemps fixé sont désignées sous le nom d'*auréoles accidentelles*. Ces auréoles sont quelquefois d'une grande intensité lumineuse, qui est d'ailleurs en raison directe de l'obscurité de l'objet regardé. C'est là, en somme, une loi de contraste dont l'influence se retrouve partout.

Ainsi, dans deux objets de couleur différente, juxtaposés,

on remarquera que la couleur la plus sombre le paraîtra d'autant plus que l'autre sera plus éclatante, — et *vice versa;* en outre, chaque couleur s'assimilera la couleur complémentaire de l'autre.

.*. D'autres illusions abusent encore celui de nos sens dont nous sommes le plus orgueilleux et le plus sûrs ; elles viendront en leur temps, c'est-à-dire en compagnie avec l'instrument spécialement construit pour augmenter encore cette illusion, pour tromper plus sûrement et sans recours possible — si ce n'est à un autre sens de réputation pourtant moins bien établie, le toucher, — notre vue si prompte et si correcte.

Le thaumatrope. — Disons toutefois que ce phénomène de la persistance de l'image sur la rétine a donné lieu à l'invention du *thaumatrope* et de ses variétés, qui sont nombreuses, et plus amusantes les unes que les autres.

L'oiseau en cage. — Découpez, par exemple, deux disques de carton mince, du diamètre d'une pièce de vingt sous, sur l'un desquels sera peint un oiseau et sur l'autre une cage ; attachez deux bouts de fil à chacun de ces disques : un de chaque côté, de manière à pouvoir les faire tourner et retourner étant placés dos à dos, en roulant les fils entre le pouce et l'index de chaque main : pendant que ces deux disques ainsi placés tourneront entre vos doigts, le dessin semblera unique, représentant un oiseau dans une cage.

Bon nombre de jouets ont été construits sur ces principes ; et il y en a un présentement sous toutes les portes cochères de Paris.

La chambre noire. — La formation des images sur lesquelles notre regard est fixé se peint sur la rétine, non comme elles se présentent, mais sens dessus dessous. Cette disposition est expliquée surabondamment par la marche des rayons lumineux à travers une petite ouverture. Comment l'image, peinte renversée sur notre rétine, est elle *vue* dans son sens exact ? par quel phénomène le cerveau restitue-t-il à l'objet dont la sensation lui est communiquée par le nerf optique sa position réelle, lorsqu'il est patent que celui-ci la reçoit dans cette position renversée ? Les avis sont fort partagés ; ce qui équivaut à dire que nul n'en sait rien, ou que celui qui le sait, s'il existe, ne se doute pas de sa science et ne saurait en offrir une démonstration évidente.

Mais ce que nous savons fort bien, c'est que nous ne devons pas imputer au jeu de la lentille du cristallin ce renversement des objets, mais bien au diamètre extrêmement réduit de la pupille. Cela peut se prouver aisément : tout le monde sait aujourd'hui, et l'observation de ce phénomène est d'ailleurs très-facile, qu'en franchissant une ouverture très-étroite, pratiquée par exemple dans le volet d'une pièce fermée, les rayons lumineux peindront en arrière, sur un écran bien disposé ou simplement sur le mur, l'image renversée des objets extérieurs.

C'est sur cette observation qu'est fondée la construction de la chambre noire (*camera obscura*).

Instruction pour construire soi-même une chambre noire. — Il nous paraît inutile de donner ici la description d'une chambre noire que tout le monde peut se procurer chez l'opticien, d'un prix aujourd'hui très-abordable ; disons seulement qu'on est parvenu dans ces derniers temps à en construire dans des proportions portatives et faciles à utiliser pour le dessin. Cependant un amateur ingénieux peut construire lui-même sa chambre noire en s'y prenant de la manière suivante :

On prend une boîte oblongue d'environ 60 centimètres de longueur, 30 centimètres de largeur et haute de 20 centimètres. On ajuste à un bout de cette boîte un tube contenant une lentille, et pouvant glisser, de manière à placer le foyer convenablement. A l'intérieur de la boîte se trouvera un miroir plan, penchant en arrière du tube à un angle de 45 degrés, c'est-à-dire à mi-chemin de l'angle droit. Au sommet de la boîte sera placé un morceau carré de verre dépoli sur lequel viendra se peindre d'en bas l'image qu'on pourra voir en levant une petite trappe à charnières, disposée à l'extrémité de la boîte opposée à celle où le tube à lentille est ajusté.

Pour se servir de cet appareil, on le place de manière à ce que l'image à reproduire se trouve à l'opposé du tube ; et lorsqu'on a ajusté le foyer, l'image se trouve projetée sur le verre du fond, où elle peut être aisément reproduite soit au crayon, soit en couleur avec un pinceau.

Une véritable chambre noire (*méthode appliquée aux exhibitions publiques*). — Fermez hermétiquement la pièce que vous aurez choisie pour cette expérience, de manière que le plus petit rayon de lumière extérieure n'y puisse pénétrer. Faites alors un petit trou circulaire, soit dans le volet, soit dans une planche fixée dans ce but à la fenêtre, et

ajoutez-y une lentille dont le foyer se trouve à une distance
variant à peu près de 1 mètre 60 à 3 mètres et demi ou
4 mètres au plus. A ce point, placez un carton couvert du
papier le plus blanc, largement encadré de noir; ce carton
aura 45 à 50 centimètres de hauteur sur 75 centimètres de
largeur. Courbez-le en dedans pour former un arc de cercle
dont le diamètre serait égal au double de la distance de la
lentille à son foyer; puis fixez-le sur un cadre de pareille
forme, monté sur pied mobile; vous pourrez aisément le placer alors à la distance exacte où les images viennent se peindre elles-mêmes avec la plus grande perfection, sans le secours
d'aucune instruction théorique supplémentaire.

Votre cadre ainsi placé, tous les objets qui se trouveront
en face de la fenêtre viendront se peindre sur le papier, sens
dessus dessous, comme nous l'avons dit, ce qui est sans importance pour en obtenir une copie exacte, mais avec la plus
parfaite régularité de traits et de couleurs.

*** C'est sur les mêmes principes que sont construits les
appareils servant aux exhibitions publiques.

Une chambre noire naturelle (*expérience sur un
œil de bœuf*). — Nous avons dit plus haut que l'œil humain
était une chambre noire naturelle, ou plutôt que l'anatomie
de notre organe visuel avait donné l'idée de la chambre noire.
Il est facile de se rendre compte, en effet, de l'analogie étroite
qui existe entre les phénomènes qui se produisent dans la
chambre noire mécanique et l'œil, cette chambre noire naturelle.

Prenez non pas un œil humain, mais un œil de bœuf
chez le boucher voisin, un œil bien frais; nettoyez, éclaircis-
sez avec beaucoup de soin la membrane extérieure qui tapisse
le fond de l'œil, autrement dit la *rétine*, prenant bien garde
de la crever, parce qu'alors l'humeur vitrée s'échapperait et
que l'expérience devrait nécessairement en rester là.

Ayant ainsi préparé votre œil, placez-en la pupille en face
d'un objet brillamment éclairé, et cet objet se dessinera nettement, dans la position renversée, sur la rétine, exactement
comme on le verrait sur l'écran d'une chambre noire.

L'effet sera d'ailleurs encore bien plus frappant si l'on
opère dans une pièce fermée, comme celle qui servait à notre
expérience précédente, n'ayant qu'un trou étroit percé dans
le volet, qui projette sur l'œil ainsi étudié les objets extérieurs.

La chambre claire (*camera lucida*). — La chambre *claire*

diffère surtout de la chambre noire — en ce qu'elle est claire.
L'instrument consiste en un prisme à quatre faces coupé de
manière à former un angle de 135 degrés et deux de 67 degrés
et demi, monté sur un pied à coulisse permettant d'en varier
la position et la hauteur. L'image des objets, apportée par le
prisme, est projetée sur un carton placé au-dessous et peut
ainsi être dessinée, mais non sans difficulté, car elle se trouve
trop éloignée. Il s'ensuit que, malgré tous les perfectionnements apportés à l'œuvre de Wollaston, l'usage de la chambre
noire demeure infiniment plus répandu que celui de la chambre lucide.

Chambre claire économique. — Voici pourtant un
procédé ingénieux pour remplacer la chambre claire par un
appareil des plus élémentaires, puisqu'il se compose uniquement d'un morceau de glace arrondi.

On s'applique ce morceau de glace, la face étamée en
dehors, entre le nez et l'œil gauche — et ceci nous dispensera
sans doute d'insister sur les dimensions du morceau de glace
en question, — puis on se place en face d'un écran doublé de
papier blanc, le dos tourné aux objets dont on veut reproduire l'image.

Par réflexion, l'œil gauche voit parfaitement les objets
placés en arrière ; et, en même temps, pour l'œil droit,
l'image de ces objets se trouve projetée sur l'écran, assez
nettement pour pouvoir les y fixer à l'aide d'un crayon.

La lanterne magique. — L'objet de cet ingénieux
petit appareil, qu'on peut aujourd'hui se procurer pour un
prix insignifiant, non-seulement chez les opticiens, mais jus-
que chez les marchands de jouets, est de représenter dans
une pièce plongée dans l'obscurité, sur un mur ou une toile
blanche, une série d'images généralement disproportionnées
et grotesques, quoiqu'il soit tout aussi facile d'y représenter des
images d'une beauté particulière et de proportions élégantes.

L'appareil se compose d'une boîte de fer-blanc peint,
pourvue d'une sorte de petit tuyau servant à la fois à donner
passage à la fumée qui s'élève de la lampe placée à l'intérieur
de la boîte et à permettre à l'air extérieur d'y pénétrer pour
remplir sa mission dans le phénomène de combustion qui
s'y accomplit. Au milieu de cette boîte se trouve donc une
lampe, et derrière cette lampe un réflecteur ou miroir métallique concave réfléchissant tous les rayons de lumière qu'elle
émet.

Sur le devant de la boîte, en face du réflecteur, est inséré
un double tube, dont la moitié extérieure, mobile, glisse
dans la moitié intérieure, qui est fixe. A l'extrémité de celui-
ci se trouve une grande lentille plano-convexe, et à l'extrémité extérieure du tube mobile une autre lentille convexe
plus petite. Entre le tube fixe et la lampe existe une sorte
de coulisse où l'on fait glisser de petites plaques de verre sur
lesquelles sont peintes de couleurs vives et transparentes les
images qu'on veut reproduire sur l'écran.

**Pour montrer la lanterne magique selon les
règles.** — Rappelez-vous premièrement, pour l'éviter,
l'omission du singe de Florian : éclairez votre lanterne ; ensuite éteignez toutes les autres lumières dans la pièce où a
lieu la représentation. Placez votre lanterne sur une table,
à distance convenable du mur ou du drap blanc suspendu
pour recevoir les images, et le tube braqué sur ce point ; puis
faites glisser dans la coulisse, *la tête en bas*, l'une de vos
plaques de verre peint ; ajustez enfin le foyer des lentilles
contenues dans le tube en sortant ou rentrant celui-ci dans
la mesure du besoin, et vous obtiendrez alors une représentation parfaite de l'image que vous ferez passer devant la
lumière.

.*. Un habile opérateur, à l'aide d'un objet unique peint
sur deux verres différents pouvant passer en même temps
dans la coulisse de la lanterne, obtient les effets les plus sur-
prenants. C'est ainsi que l'on arrive à faire rire, rouler les
yeux, grincer les dents, grimacer de cent façons une tête
grotesque. On représente également des scènes assez com-
pliquées par le moyen de deux verres peints de manière à
ce que l'un montre, en quelque sorte, le commencement du
drame et l'autre la fin ; l'habileté réside surtout dans l'art
de la transition. Ainsi sont représentés des combats de
bêtes féroces, des navires secoués par la tourmente, etc., etc.

.*. Enfin l'emploi le plus important et le plus instructif
qu'on puisse faire d'une lanterne magique, c'est assurément
de la transformer en microscope lumineux (on possède le
microscope photo-électrique, le *microscope solaire*, le *microscope à gaz*, toutes dénominations qui pourraient avantageusement, suivant nous, être remplacées par celle de *microscope
lumineux*, qui dit tout). Transformer est de trop, car, en
réalité, le microscope lumineux n'est pas autre chose qu'une
lanterne magique perfectionnée. Donc, au lieu de sujets

grotesques, il est possible, et nous savons bien que cela se fait, de projeter sur l'écran l'image amplifiée d'insectes ou de petits végétaux curieux à étudier, et d'appliquer encore ce jouet adoré des enfants à l'enseignement mutuel des premières notions de l'astronomie, etc.

Notions de peinture sur verre. — Certes, les marchands de lanternes magiques ne manquent pas de séries complètes, mais banales, de toutes sortes d'images propres à figurer avec avantage sur l'écran de famille; cependant, comme il se peut qu'on n'aime pas les sentiers battus ni les images tirées à un trop grand nombre d'exemplaires, il sera peut-être utile de donner ici au lecteur quelques notions de peinture sur verre qu'il puisse mettre à profit à l'occasion :

Commencez par dessiner sur le papier la scène ou la figure que vous désirez peindre; cela fait, couvrez votre dessin d'une feuille de verre de la forme et de la dimension requises. Alors vous trempez un pinceau très-fin dans de la couleur noire au vernis et vous vous mettez à tracer bien exactement les contours de vos figures; quand cette peinture est séchée, vous remplissez les parties intérieures avec les couleurs appropriées, toujours mêlées avec du vernis, estompant avec du bistre ou de l'encre de Chine, aussi mêlés de vernis.

*** Les couleurs transparentes, telles que le bleu de Prusse, le carmin, la laque, le sulfate de fer, le vert-de-gris, la teinture de bois du Brésil, etc., peuvent seules être employées avec succès dans cette sorte de peinture.

Fantasmagorie. — Entre la fantasmagorie et la lanterne magique, il y a cette différence principale que, dans les représentations offertes par cette dernière, l'image générale projetée sur l'écran, les figures en étant tracées sur un corps transparent, est un cercle lumineux dans lequel s'agitent les figures en question; tandis que dans la fantasmagorie, les verres étant entièrement opaques, sauf les figures peintes à l'aide de couleurs transparentes, aucune autre lumière que celle qui traverse les couleurs n'est visible.

En outre, les images ne sont point réfléchies sur une toile, comme c'est le cas pour la lanterne magique, qui se trouve, comme on sait, placée dans le même sens que les spectateurs ; elles sont tracées sur un écran tendu entre l'appareil et l'auditoire. Cet appareil, monté sur un chariot, peut être à volonté avancé ou reculé de la toile, de manière à faire croire que c'est l'image qui avance, quelquefois d'une distance énorme, semblant déterminée à se jeter sur les spectateurs, ou qui recule mécontente de l'accueil qui lui est fait.

On commence ordinairement, les spectateurs étant plongés dans la plus complète obscurité, par leur présenter une image d'une petitesse extrême, un petit point lumineux surgissant tout à coup à l'horizon lointain, puis grandissant peu à peu, jusqu'à prendre des proportions inattendues. L'illusion est complète, en dépit qu'on en ait ; ni la connaissance des lois de l'optique ni la parfaite initiation aux secrets mécaniques de l'appareil ne sauraient vous en épargner le moindre atome.

Polyorama. — Les effets curieux du polyorama sont bien caractérisés par le nom que les Anglais donnent à cette espèce d'illusion d'optique : *dissolving views* (vues qui se *dissolvent* ou se confondent l'une dans l'autre).

Ces effets sont produits par l'emploi simultané de deux appareils, disons deux lanternes magiques, placées à côté l'une de l'autre, et pouvant éventuellement être inclinées l'une vers l'autre pour ajouter à l'illusion. Ces deux appareils sont pourvus de l'image d'une même scène, mais à un degré de développement différent ; il s'agit de confondre les rayons qui s'échappent des lentilles de chacun au moment convenable, de sorte à produire la confusion des images et leur succession rationnelle.

On obtient par ce procédé des effets vraiment merveilleux, tels que de présenter une personne vêtue, se déshabillant, et paraissant à la fin de l'exhibition à peu près nue ; la succession graduelle de la nuit au jour ; le début et les progrès d'un violent incendie, etc.

Enfin on se borne quelquefois à produire le simple changement à vue d'une scène quelconque en une scène toute différente.

L'évocation des esprits. — Étant admis que les anciens ne pouvaient employer à leurs évocations les glaces planes et pures que nous pouvons faire servir à cette œuvre utile et morale, il n'est pas douteux le moins du monde qu'ils aient au moins usé de ce procédé plus simple ou de quelque autre à bien peu de chose près semblable.

La lanterne magique, ou plutôt le *fantascope*, joue là un rôle des plus étranges : supposons une boîte d'un mètre de longueur, 50 centimètres de largeur et 60 centimètres de hauteur environ. Plaçons à un bout de cette boîte une petite glace de toilette mobile, et à l'autre un fantascope, ou une simple lanterne magique, projetant ses rayons lumineux sur la glace qui les réfléchira, de sorte qu'ils seront renvoyés par une ouverture pratiquée au sommet de la boîte. Cette ouverture devra être de forme ovale et adaptée à la dimension du faisceau lumineux qui doit la traverser, ainsi que tournée dans sa direction exacte.

On fait ensuite glisser aisément dans une coulisse, au besoin manœuvrée à l'aide d'une poulie et d'une ficelle, une plaque de verre en face de la glace mobile, au-dessus du tube de la lanterne magique; sur cette plaque de verre est peinte l'image d'un spectre hideux, ou toute autre, mais dans une position accroupie ou contractée.

Toutes ces préparations achevées, il en reste encore une importante, mais d'une grande simplicité : placer sur la boîte, devant le trou ovale, un petit réchaud rempli de charbon incandescent.

Alors allumez votre lanterne, ajustez votre image peinte et votre glace, en un mot « mettez au point » ; jetez ensuite quelques grains d'encens sur votre réchaud brûlant, assez pour qu'il en résulte une suffisante quantité de fumée. Alors l'image peinte sur le morceau de verre que réfléchira votre glace se projettera sur cette fumée faisant office d'écran, simulant une apparition s'élevant d'un lit de nuages !

*** Cette petite exhibition ne manque jamais de produire un grand effet. Il est bon toutefois de ne rien omettre de toutes les petites précautions usitées en pareils cas. D'abord, est-il besoin de le dire, la pièce où l'on opère doit être plongée dans les ténèbres les plus épaisses; la boîte contenant l'appareil sera placée sur une table élevée, afin qu'on n'apperçoive pas l'ouverture pratiquée en haut, et que la lumière doit traverser. Quant à la dissimulation habile des autres accessoires, c'est affaire à l'opérateur.

Spectres aériens. — Il n'est pas absolument indispensable, quoique le résultat soit peut-être plus sûr, ou tout au moins plus frappant. d'élever un nuage de fumée en guise d'écran où se projette l'image dont on prétend faire une apparition fantastique ; cette image peut tout aussi bien être peinte dans l'air, c'est-à-dire à un point déterminé de l'atmosphère ambiante, par le procédé que voici :

Divisez en deux parties la pièce où l'expérience doit avoir lieu par une cloison mobile ou un écran qui en occupe toute la largeur, lequel sera toutefois percé d'une ouverture carrée de dimension convenable, dont le centre se trouvera à un mètre et demi environ au-dessus du parquet. Cette ouverture peut être entourée d'une bordure noire ou d'une moulure dorée représentant un cadre prêt à recevoir un tableau absent pour le moment.

Placez alors, dans la partie de la chambre distraite de celle occupée par les spectateurs, un grand miroir concave, de préférence elliptique, qui fera face, légèrement penché en arrière toutefois, à l'ouverture carrée de l'écran, et, en même temps, à un objet quelconque placé au-dessous de cette ouverture dans l'un des foyers du miroir (étant admis que ce miroir est elliptique et a, par conséquent deux foyers).

L'objet en question, brillamment éclairé, sera alors réfléchi par le miroir qui, s'il est placé avec intelligence, en renverra l'image distincte au centre de l'ouverture, complétant ainsi le tableau dont nous n'avions tout à l'heure que le cadre.

Cette image sera renversée relativement à la position donnée à l'objet original; il s'ensuit que, pour que les spectateurs la voient dans sa position naturelle, il importe, s'il s'agit par exemple d'une statue, d'un buste ou de quelque objet de même sorte, de placer cet objet sens dessus dessous en face du miroir, qui en réfléchira l'image de manière à rendre l'illusion complète.

*** Afin de donner à cette expérience curieuse toute la perfection possible, il serait préférable que l'objet qui doit être réfléchi fût blanc, ou au moins peint de couleurs très-brillantes, et éclairé par une lampe armée d'un puissant réflecteur, dont il faudrait éviter que les rayons atteignissent l'ouverture.

Il est inutile d'ajouter que la partie de la chambre réservée aux spectateurs doit être plongée dans la plus complète obscurité.

L'allée sans fin. — Ayez une sorte de caisse d'environ 45 centimètres de longueur sur 20 centimètres de hauteur et 30 centimètres de largeur, ou de toute autre étendue, en conservant toutefois les mêmes proportions. A chaque bout de votre caisse, vous placerez un morceau de glace, dont l'un, au bout qu'il vous plaira et que vous aurez soin de percer d'un trou circulaire, sera débarrassé de son tain sur une étendue égale au diamètre du trou de la boîte et bien en face, de manière à ce que votre regard puisse parfaitement pénétrer dans l'intérieur de la caisse.

Sur chaque côté de cette caisse, dans le sens de sa longueur, vous pratiquerez deux rainures.

Cela fait, procurez-vous quatre feuilles de carton sur lesquelles seront peints des arbres, que vous découperez comme des décors de théâtre, et fixez-les, disposées en coulisses, dans les rainures préparées pour les recevoir ; placez-en d'autres encore que vous disposerez sur les parois de la caisse et en face du miroir à travers lequel vous regardez dans l'intérieur aussi bien que de l'autre, observant que dans celui-là le dessin doit être fruste et indistinct, de manière qu'il ne dissimule que fort peu la glace ; mais cependant quelques dessins doivent être placés près du centre du miroir le plus éloigné, pour obvier à la réflexion des rayons lumineux auxquels donne accès le trou où vous regarderez.

Placez enfin sur votre boîte un couvercle de bois sur lequel sera attaché un morceau de fine mousseline.

L'œil placé à l'ouverture, les objets disposés dans l'intérieur se réfléchiront d'un miroir à l'autre dans une succession ininterrompue ; et puisque, dans notre expérience, il s'agit d'arbres, les arbres offriront l'aspect d'une avenue interminable, dont on ne peut voir la fin, en tout cas, ce qui est la même chose.

*** On peut substituer aux arbres toute sorte d'objets, tels que des colonnes, des monuments, etc. Enfin on peut varier presque à l'infini les effets de cet appareil si simple, en doublant entièrement l'intérieur de la caisse de glaces réfléchissantes ; ou même en construisant une boîte ayant six, huit parois, plus ou moins, ainsi garnies, et multipliant les objets, on pourrait justement dire cette fois à l'infini.

Des rayons lumineux provenant de sources diverses se rencontrent sans s'effacer réciproquement ou se mêler les uns aux autres. — La preuve de ceci est de démonstration facile : ayez plusieurs flambeaux, disons trois, pour simplifier, que vous alignerez sur une table, tout près l'un de l'autre ; placez perpendiculairement devant vos trois flambeaux allumés un carton percé d'un petit trou pour donner accès aux rayons lumineux ; et devant le carton, à plat sur la table, une feuille de papier blanc destinée à recevoir l'image de ces rayons. Et observez..

En effet, les rayons lumineux émanant des trois flambeaux traversent, en ligne directe, le trou du carton, où ils se croisent, et vont se peindre nettement et isolément sur la feuille de papier disposée pour les recevoir.

*** C'est d'après ce principe que la multiplication des figures, dans la fantasmagorie, a été inventée, bien que le hasard seul l'ait dévoilée à l'ingénieux physicien Robertson.

Plusieurs sources de lumières réfléchissant isolément les rayons qu'elles projettent, il est clair que ces rayons, passant à travers une même image transparente, iront peindre sur une surface réfléchissante quelconque autant de fois cette image qu'il y aura de rayons lumineux ; il n'est pas moins évident que, si ces rayons servent à réfléchir dans un miroir cette image, qu'un écran disposé dans ce but reproduira ensuite, l'effet doit être le même, et qu'on aura autant de copies de l'image en question qu'on pourra projeter sur elle, de points différents, de rayons lumineux distincts.

Avec nos trois flambeaux de tout à l'heure accomplissant cette mission délicate, nous aurions donc trois images, quatre avec quatre flambeaux, dix avec dix et ainsi de suite.

Le kaléidoscope. — Si l'on place un objet quelconque entre deux miroirs plans, inclinés l'un vers l'autre à un angle de trente degrés, on verra trois images de ce même objet dans la circonférence d'un cercle. Sur ce principe est basée la construction du kaléidoscope inventé par sir David Brewster, et au moyen duquel les images réfléchies, vues d'un certain point, présentent des figures symétriques sous une variété infinie de formes et de splendides couleurs. Tous les marchands de jouets vendent des kaléidoscopes à un prix extrêmement bas ; mais il peut être agréable de pouvoir en construire un soi-même, tout au moins de savoir comment on pourrait le construire.

Procurez-vous un tube de fer-blanc, ou simplement de carton d'environ 25 centimètres de longueur et 5 à 6 centimètres de diamètre, dont l'un des bouts sera soigneusement fermé, soit d'une feuille de fer-blanc soudée ou d'une feuille de carton bien collée, suivant la matière première de l'objet, dans laquelle on pratiquera un trou où pourrait à peine passer un petit pois, et par lequel on regardera à l'intérieur de l'instrument.

Deux plaques de glace bien étamée, pas tout à fait aussi

longues que le tube, seront introduites dedans, et inclinées à un angle de 60 degrés l'une vers l'autre. Une plaque de verre circulaire sera ensuite posée sur les bords extrêmes, et en travers des deux glaces (que nous avons indiquées comme n'étant pas aussi longues que le tube), maintenue en respect par les parois même du tube, au besoin déprimés en cet endroit dans ce but.

Une coiffe de carton ou de fer-blanc sera ensuite découpée, de manière à pouvoir s'adapter sur l'extrémité du tube, du côté de la plaque de verre, et dans cette coiffe, sur le côté extérieur, on fixera une plaque de verre dépoli, de façon à former comme le couvercle d'une boîte.

Avant de l'ajuster sur le tube, procurez-vous de petits morceaux de verre cassé de couleurs variées, des grains de chapelet, des débris de fils-de-fer, de fleurs artificielles, etc., et mettez les dans votre couvercle ; vous placez celui-ci alors sur le tube, en l'ajustant de manière que vos petits débris aient la liberté de leurs mouvements : l'instrument est dès lors complet. Pour s'en servir, on applique un œil au petit trou qui se trouve à une extrémité du tube, que l'on tourne à son gré, et les formes les plus jolies dans les combinaisons les plus merveilleuses y seront vues tour à tour, représentées par les dispositions sans cesse variées des débris insignifiants dont vous avez garni votre instrument.

*** On s'est livré au curieux calcul suivant, à propos de la variété de changements incroyable que peut offrir un kaléidoscope : supposé qu'il contienne vingt petits morceaux de verre et que vous obteniez de chacun dix changements dans l'espace d'une minute, le temps qu'il faudrait à ces vingt morceaux de verre pour parcourir toute la gamme des changements dont le kaléidoscope les rend capables serait de 462 880 889 576 années et 360 jours!

Le cosmorama. — Le principe sur lequel s'appuie la construction du cosmorama est si simple que tout le monde peut facilement en adapter un, par exemple, dans une maison de campagne.

Il suffit de fixer dans un trou, pratiqué par exemple dans une porte, une lentille biconvexe d'environ 1 mètre de foyer, et, à un peu moins que cette distance, de pendre un tableau à l'huile dont il s'agit de reproduire la scène.

Pour l'absorption de tous les rayons de lumière inutiles, et principalement pour empêcher que la vue du cadre ne détruise l'illusion, on place entre la lentille et le tableau un châssis en bois, carré, ou plutôt cubique, mais ouvert de deux côtés, dont l'intérieur est noirci.

Le tableau peut être pendu dans une large caisse, recevant la lumière d'en haut, ou dans un petit cabinet éclairé de la même manière.

Si on désire montrer le tableau à la lumière, on peut placer une petite lampe sur le haut du châssis en bois dont nous avons parlé, et si la lumière de celle-ci est convergée par une lentille d'un rayonnement modéré, l'effet n'en sera que plus réussi.

Instrument pour voir à travers les pierres, ou tout autre corps opaque. — Supposons une monture doublement coudée, rappelant assez exactement la forme d'une *presse* ou *serre-joints* de menuisier, construite non en bois plein, comme ce dernier instrument, mais creuse, comme s'il s'agissait d'une caisse de forme bizarre, d'un bout à l'autre. Cette monture peut être d'ailleurs construite aisément de planchettes clouées ensemble, dans la forme que nous venons d'indiquer.

A chaque angle de cette sorte de caisse, c'est-à-dire au sommet et à la base de chaque montant, sont disposés deux miroirs (quatre au total) inclinés l'un vers l'autre, de manière à ce que le premier miroir, frappé, par un trou percé en face de lui, des rayons de la lumière extérieure lui apportant l'image d'un objet quelconque, il renvoie cette image au miroir placé dessous, qui la renvoie à son tour au miroir inférieur de l'extrémité opposée communiquant avec le dernier miroir situé en face du trou où l'œil de l'observateur est placé.

Car au sommet de chaque montant de l'appareil un trou est pratiqué, dans lequel on engage souvent les deux corps d'une *lunette brisée*, afin, sans doute, d'ajouter à l'illusion, lorsqu'on interpose une brique, ou simplement sa main dans la solution de continuité au moment où l'on place son œil à l'oculaire, sans que l'opacité de l'obstacle vous empêche, comme de juste, de voir ce qui se passe de l'autre côté. Nous n'y insistons pas ; cette lunette est absolument inutile pour un autre but que celui d'intriguer plus profondément et plus sûrement le spectateur.

Ainsi, l'appareil préparé comme nous avons dit, on place son œil à l'oculaire, et l'on voit le paysage au delà de l'ob-

jectif, non directement, mais par réflexion. Vient-on à placer
entre l'objectif et l'oculaire un corps opaque, naturellement
cette interposition ne nous empêchera pas de voir, la réflexion continuant à se produire, l'image extérieure n'ayant
pas, pour se peindre sur la rétine de l'observateur, à traverser le corps opaque, mais simplement à rebondir, pour ainsi
parler, d'un miroir à l'autre jusqu'à sa destination fatale.

Les miroirs trompeurs. — Les illusions produites
par le jeu des miroirs habilement dirigé sont d'ailleurs nombreuses et variées, même en s'en tenant aux simples miroirs
plans ; voici, par exemple, une innocente récréation, la plus
simple peut-être de toutes celles que nous avons passées en
revue jusqu'ici, et qui ne laisse pas de produire une illusion
que l'on a toujours quelque peine à s'expliquer après :

Ayez une caisse carrée, percée d'une ouverture circulaire
sur chacune de ses quatre faces verticales ; introduisez dans
cette caisse deux miroirs placés dos à dos, de manière qu'ils
la divisent diagonalement en deux parties. Invitez alors quatre
personnes à regarder par chacune une ouverture, après qu'elles
auront été encadrées d'un rideau ; les personnes non préve-
nues, au lieu de voir chacune leur vis-à-vis, comme tout semble
l'attester, sont tout étonnées de voir leur voisin dont l'image
est réfléchie obliquement, par le miroir placé dans ce but,—
ainsi que celles des trois autres, mais à leur propre insu.

Or, comme il semble qu'il n'y ait rien entre l'œil de l'observateur et la personne vue, qu'une lunette traversant une
boîte quelconque, que la présence des miroirs ne peut être
soupçonnée, chacun se demande comment il se fait qu'en
regardant en face c'est à côté qu'on voie.

Les miroirs délateurs. — Nous voulons parler de
ces miroirs disposés aux fenêtres, de telle sorte que la personne qui se trouve auprès — généralement une vénérable et
active commère fort occupée à la manœuvre incessante de
l'aiguille — peut voir, sans faire un mouvement de sa chaise,
ce qui se passe dans toute la longueur de la rue et même au
delà, ou bien, quelquefois, ce qui se passe chez un voisin qui
se croit bien à l'abri d'un tel espionnage, quoiqu'il n'ignore
pas l'existence des miroirs, mais parce qu'il les croit dirigés
sur un tout autre point.

Nous n'indiquerons pas comment on construit cet appareil
si simple, auquel, la plupart du temps, l'emploi de deux miroirs convenablement disposés, dont un seul se laisse voir

hors de la fenêtre et renvoie à l'autre, placé à l'intérieur, les indiscrétions de la rue, suffit amplement.

⁎ Un principe dont il ne faut pas s'écarter, en tout cas, c'est celui qui veut qu'en matière d'images réfléchies l'angle de réflexion soit toujours égal à l'angle d'incidence ; c'est-à-dire que le rayon qui frappe le miroir et le rayon que le miroir renvoie ou réfléchit forment, avec la ligne de surface de ce miroir, des angles rigoureusement égaux : on trouvera facilement alors le point exact où les miroirs doivent être placés pour produire tel ou tel effet, pour réfléchir dans la direction convenue tel ou tel objet.

Miroirs plans, convexes, concaves, etc. — Les miroirs plans réfléchissent les images dans les formes et dimensions naturelles qu'elles empruntent aux objets réfléchis ; les miroirs convexes montrent toujours l'objet plus petit, mais sans en altérer les formes ; mais les miroirs concaves, qui, dans certaines circonstances, présentent une image renversée de l'objet et plus petite, ont surtout la propriété de l'agrandir et paraissent la déformer, bien que ce ne soit qu'une apparence inhérente justement à l'agrandissement des détails, et particulièrement sensible, si l'objet, agrandi par réflexion dans un miroir concave, est un visage aux traits fins et délicats qu'il ne manque pas de rendre grossiers, vulgaires, presque repoussants ; — ce qui montre à combien peu tient notre beauté.

Tous ces effets sont d'ailleurs bien connus, et n'avaient besoin que d'être rappelés.

Mais si le miroir n'a aucune forme régulière, l'image qu'il réfléchira d'un objet quelconque sera elle-même disproportionnée, grotesque, monstrueuse ; quoique, vue d'un point déterminé, cette image reprenne les proportions régulières, la beauté de l'objet réfléchi. C'est ce qu'on désigne sous le nom d'*anamorphose*.

L'anamorphose. — On reproduit cette illusion d'optique de l'*anamorphose* (déformation) de diverses manières.

L'un des agents *anamorphiques* les plus curieux et aussi les plus connus consiste simplement en un miroir conique : qu'on place sur un dessin régulier ce miroir, les traits du dessin, se réfléchissant, ne présenteront plus qu'un amas confus de lignes insensées, ne laissant absolument rien soupçonner de ce qu'il peut être dans la simple réalité. On a imaginé, en conséquence, de renfermer dans les limites d'un cercle, géométriquement calculées, un fouillis de lignes éparses en apparence au hasard : qu'on place alors sur ce gribouillage le miroir conique, et un dessin régulier sera réfléchi, auquel on ne pouvait s'attendre.

Cette anamorphose n'est pas simplement curieuse, elle est instructive, car il faut ici se rappeler que sans la connnaissance de la loi d'égalité des angles d'incidence et de réflexion il était impossible de la construire.

CHIMIE

La chimie a pour objet l'étude des combinaisons moléculaires des corps, des actions et réactions que ces corps exercent les uns sur les autres dans le but de produire un corps nouveau, en quoi justement la chimie diffère de la physique, qui ne s'occupe que des rapports superficiels, pour ainsi dire, que les corps peuvent avoir les uns avec les autres.

Mais notre mission n'est point de dogmatiser ; elle est plus humble, nous avons quelquefois besoin de nous le rappeler : chercher parmi ces combinaisons, actions et réactions des corps les uns sur les autres, celles qu'on peut produire sans peine, et, au contraire même, avec plaisir.

Affinité. — On dit des corps qui se combinent facilement qu'ils sont doués d'affinité les uns pour les autres ; et l'on dit de cette affinité qu'elle est *élective,* lorsqu'elle porte un corps déjà en combinaison avec un autre à s'en séparer pour se combiner avec un corps nouveau en présence duquel il se trouve mis tout à coup, comme si ce phénomène indiquait réellement une préférence de la part de ce corps inconstant.

Exemple. — Versez un peu de vinaigre, qui n'est autre chose que de l'acide acétique faible, sur un peu de potasse *pearlash* ou carbonate de potasse (combinaison de potasse et d'acide carbonique), ou de carbonate de soude (soude et acide carbonique) ; il se produira aussitôt une violente effervescence causée par l'expulsion de l'acide carbonique par la potasse ou la soude, que leur *affinité élective* pour l'acide acétique porte à se débarrasser de l'acide précédent, pour se combiner avec celui-ci, avec lequel elles forment l'*acétate* de soude ou de potasse.

Maintenant, versez sur ce corps nouveau, sur cet acétate qui vient de prendre la place d'un carbonate, un peu d'acide sulfurique ; ce sera le tour de l'acide acétique d'être expulsé, à cause de la plus grande préférence nourrie pour l'acide sulfurique par l'une ou l'autre des deux *bases* que nous avons nommées, et avec lesquelles il formera désormais un *sulfate*.

Autre. — Faites une solution de couperose bleue (combinaison d'acide sulfurique et d'oxyde de cuivre), et plongez-y la lame brillante d'un couteau. Aussitôt celle-ci sera couverte d'une couche de cuivre, en raison de la préférence marquée de l'acide sulfurique pour le fer dont est faite la lame du couteau, et dont il aura dissous une quantité exactement proportionnelle à celle du cuivre déposé sur cette lame.

Tout autre morceau de fer poli, naturellement, remplirait le but et subirait le même échange qu'une lame de couteau.

L'arbre de Diane. — L'expérience suivante est basée sur les mêmes principes que les précédentes.

Remplissez un bocal, pouvant contenir la mesure d'un litre environ, d'une assez forte solution de nitrate d'argent (*pierre infernale*) dans de l'eau distillée ou de l'eau de pluie ; puis suspendez à un fil attaché au bouchon de votre bocal une petite feuille de zinc, de manière à ce qu'elle puisse atteindre à peu près le centre du bocal ; et placez celui-ci dans un endroit où vous êtes sûr qu'il ne sera ni heurté ni dérangé.

Au bout de peu de temps, l'argent se sera *précipité* et attaché sous forme de cristaux à la feuille de zinc, à laquelle il donnera l'aspect d'une splendide arborescence métallique. C'est pourquoi on donne à l'objet curieux que l'affinité de l'argent pour le zinc produit dans cette occasion le nom d'*arbre d'argent* ou *arbre de Diane* (*arbor Dianæ*).

Au nitrate d'argent, substituez l'acétate de plomb, ou le muriate d'étain additionné de quelques gouttes d'acide nitrique, et vous aurez : dans le premier cas, l'*arbre de plomb*, et dans le second, l'*arbre d'étain*.

₊₊ Il est à remarquer toutefois qu'il y a à l'accomplissement de ce phénomène deux causes distinctes : un cas d'affinité élective d'abord : l'acide avec lequel l'argent, le plomb ou l'étain se trouvaient en combinaison, préférant le zinc à l'un ou l'autre de ces métaux, s'écarte d'eux pour s'attacher le zinc ; ensuite un courant galvanique s'établit entre les deux métaux dissemblables mis en présence, et se poursuivra jusqu'à ce que presque tout le zinc soit dissous, ou que presque tout l'autre corps métallique, précédemment en dissolution, soit précipité. (Voir **Galvanisme.**)

Le sucre noir. — Beaucoup de substances animales ou végétales se composent principalement de carbone réuni à une certaine quantité d'oxygène et d'hydrogène, dans la proportion qui constitue l'eau. Eh bien ! l'acide sulfurique (huile de vitriol) a une si puissante affinité pour l'eau, qu'il l'extraira, pour se l'assimiler, de presque tous les corps avec lesquels elle se trouve en combinaison.

Par exemple, si vous versez quelques gouttes de cet acide sur un morceau de sucre, celui-ci deviendra promptement tout noir, parce que l'acide sulfurique se sera emparé de l'eau (hydrogène et oxygène combinés) contenue dans le sucre et n'y aura laissé que le carbone, ou charbon, — qui est noir partout.

La perle de Cléopâtre. — Je me demande ce qu'aurait pensé la reine d'Égypte de quelqu'un qui lui eût dit qu'en faisant dissoudre dans du vinaigre sa fameuse perle de 5 000 000 de francs, au calcul de Pline réduit en monnaie courante française, elle se livrait simplement à une démonstration victorieuse de l'affinité élective de la chaux pour l'acide acétique.

Ce n'était pas autre chose cependant, qu'elle le voulût ou non, excepté pourtant un acte d'ostentation aussi ridicule qu'oriental.

En effet, cette perle si belle et si chère n'était toutefois qu'un simple petit morceau de carbonate de chaux, — comme ses camarades, — et sa grande affinité pour l'acide acétique du vinaigre, en portant la base de cette combinaison, la chaux, à abandonner l'acide carbonique auquel elle avait été unie toute sa vie par préférence pour le nouveau venu, était toute la cause, et la seule, de la dissolution de la perle

Série de transformations chimiques. — Mettez sur une feuille de papier un globule de mercure, à peu près gros comme un pois, et un globule de potassium moitié plus petit ; ployez alors votre feuille de papier de manière à amener les deux globules en contact dans ses plis. Un léger dégagement de calorique se produira bientôt, et au bout de quelques secondes les substances se seront amalgamées.

Si, maintenant, vous jetez le produit de cette combinaison dans l'eau, voici la série de phénomènes qui s'ensuivront : le mercure se dégagera et tombera au fond ; au contraire, le potassium décomposera l'eau, absorbera l'oxygène, et l'hydrogène, mis en liberté, brûlera en dégageant des flammes.

Le potassium, enfin, combiné avec l'oxygène, formera un nouveau corps : l'oxyde de potassium ou potasse, et se dissoudra.

Potassium. — Occupons-nous donc une minute du potassium, puisque son nom est venu inopinément au bout de notre plume. C'est un métal blanc, brillant, mou au point qu'on peut le couper avec un couteau, et léger à surnager à la surface de l'eau, — mais peu de temps, vu sa grande affinité pour l'oxygène dont nous venons de voir un exemple frappant. Si l'on en jette un fragment dans l'eau, comme on l'a vu, il décompose celle-ci, s'empare de son oxygène, et cette action chimique provoque un tel dégagement de calorique que l'hydrogène, devenu libre, s'enflamme spontanément.

Cette affinité puissante pour l'oxygène est cause qu'on ne peut trouver le potassium à l'état libre dans la nature. Sa découverte est due à sir H. Davy, et c'est en soumettant de la potasse à l'action de la pile galvanique de *Royal-Institution* de Londres, laquelle se composait de 2 000 paires de plaques de quatre pouces, qu'il y fut conduit.

Le dessin lumineux. — Tracez sur une feuille de papier quelques lignes continues avec un pinceau fin trempé dans l'eau; placez ensuite gros comme un petit pois de potassium sur une des lignes, le potassium en suivra le cours entier, prenant feu sur toute son étendue en donnant une lumière tirant sur le pourpre.

L'opération terminée on trouvera sur le papier une solution de potasse ordinaire. Si l'on s'est servi du papier de tournesol, la trace du potassium y sera marquée en brun foncé.

** De ce qui précède, on tirera naturellement la conséquence qu'en touchant le potassium avec des doigts mouillés on est sûr de se les brûler.

Fabrication de la potasse sur la glace. — Si vous placez un fragment de ce métal sur un morceau de glace, instantanément il prendra feu et fera dans la glace un trou profond, au fond duquel on trouvera une solution de potasse.

Précautions à prendre dans le maniement du potassium. — Lorsqu'on veut faire une expérience ayant pour objet principal de faire enflammer du potassium en contact avec l'eau liquide ou congelée, il faut avoir soin de se tenir à distance respectueuse, parce que les lobules de potassium après leur conversion en potasse, lorsqu'ils ont été jetés soit dans l'eau, soit sur la glace, éclatent, projetant dans toutes les directions des particules de potasse caustique chaude dont le contact serait dangereux.

Quelques expériences variées de combustion avec explosion. — 1° Mêlez ensemble du chlorate de potasse et du sucre en poudre, une partie de potasse et deux de sucre environ ; placez le mélange sur une assiette et laissez tomber dessus une goutte d'acide sulfurique, prise au bout d'un bâton de verre ou d'un fil de fer. Le mélange prendra feu aussitôt.

✱*✱ Cette expérience exige également beaucoup de précaution.

2° Mettez dans une tasse une petite quantité de magnésie calcinée, que vous couvrirez tout juste d'acide sulfurique. Presque aussitôt la combustion commencera, et des étincelles seront projetées dans toutes les directions.

3° Écrasez et humectez légèrement d'eau quelques cristaux de nitrate de cuivre ; ajoutez-y quelques gouttes d'eau, puis roulez votre mélange dans un morceau de feuille d'étain. Au bout d'une minute, la feuille d'étain commencera à fumer et bientôt après prendra feu, et une explosion s'ensuivra, accompagnée d'un léger bruit de craquement.

4° Mettez un peu d'iode dans une soucoupe, et jetez dessus un fragment de phosphore ; les deux substances manifesteront l'une pour l'autre une très-grande affinité et se combineront bientôt en dégageant de la flamme, produisant alors un iodure de phosphore qui restera dans la soucoupe sous la forme d'un corps nouveau de couleur rougeâtre.

5° Mettez environ une cuillerée d'huile de térébenthine dans une tasse et exposez-la à l'air. Ensuite, mettez à peu près moitié de cette quantité d'acide nitrique, auquel vous ajouterez quelques gouttes d'acide sulfurique, dans une petite fiole que vous attacherez au bout d'un bâton. Jetez alors ce mélange sur l'huile de térébenthine ; et aussitôt des flammes se produiront, et persisteront quelque temps avec un grand dégagement de chaleur.

✱*✱ Il est bien inutile, pensons-nous, d'insister sur l'absolue nécessité d'agir pour l'accomplissement de ces expériences avec les plus grandes précautions.

Cristallisation des métaux. — 1° Faites dissoudre 30 grammes de sulfate de soude (sel de Glauber) dans 60 grammes

d'ean bouillante; versez, pendant qu'elle est chaude, cette
solution dans un flacon que vous boucherez hermétiquement.
En le laissant ainsi refroidir, vous n'obtiendrez rien de plus;
mais, si vous débouchez votre flacon, la cristallisation commencera aussitôt et se poursuivra rapidement.

Sous l'influence de certaines circonstances, il se peut que
l'expérience échoue; dans ce cas, jetez dans votre solution un
cristal de sel de Glauber, et le tout commencera immédiatement à se transformer en cristaux magnifiques.

*** Si vous immergez un petit thermomètre dans cette so-
lution pendant que l'expérience s'accomplit, et que vous bou-
chiez votre flacon par-dessus, lorsque vous le déboucherez, une
fois la solution refroidie, vous verrez le thermomètre s'élever,
donnant ainsi la preuve que lorsque la cristallisation s'opère,
il y a dégagement de chaleur.

2° Prenez de la soude commune et versez dessus de l'acide
muriatique; vous produirez par ce moyen du muriate de soude
ou sel de table commun.

3° Prenez environ 15 grammes de soude commune et
faites-la dissoudre dans son propre poids d'eau à peu près;
ajoutez à la solution 30 grammes d'acide sulfurique. Quand
le mélange sera refroidi, des cristaux de sulfate de soude s'y
trouveront formés.

4° Mêlez 30 grammes d'oxyde de plomb (litharge) avec
6 grammes de muriate d'ammoniaque, et soumettez le tout
à une forte chaleur dans un creuset. La chaleur fera dégager
l'ammoniaque, et l'acide muriatique se combinera avec le
plomb, formant un muriate de plomb.

Quand l'opération sera complète, transvasez dans un vase
de métal et laissez refroidir et cristalliser. C'est ce qui constitue le jaune de plomb des peintres.

Curieux ornements d'étagère. — Faites fondre
une certaine quantité de bismuth dans une cuiller de fer,
ayant soin d'enlever l'écume qui se formera à la surface;
laissez-le ensuite reposer jusqu'à ce qu'une croûte de métal
solide se forme. Aussitôt vous faites un trou dans cette croûte
et renversez ce qui reste encore de métal fluide à l'intérieur.
Ce qui en restera formera de magnifiques cubes de cristal.

Quand le tout est entièrement refroidi, enlevez la croûte
de surface au moyen d'une lime, par exemple, et si l'expérience a été faite avec soin, vous découvrirez de splendides
groupes de cristaux de bismuth, vraiment assez curieux et

d'un aspect suffisamment agréable pour constituer un objet d'ornement en somme peu commun, quoique de construction facile.

Groupe de cristaux de couleurs variées. — Prenez 30 grammes de chacun des sulfates suivants : sulfate de fer (vitriol vert), sulfate de cuivre (vitriol bleu), sulfate de zinc (vitriol blanc), sulfate de soude, sulfate d'alumine (alun), sulfate de magnésie et sulfate de potasse. Dissolvez les sels séparément ; puis versez-les tous ensemble dans un vase suffisamment grand, et laissez-les y reposer jusqu'à ce que, par l'évaporation de l'eau, les différents sels recommencent à se cristalliser.

Lorsque l'eau sera évaporée et les cristaux secs, l'apparence de cette masse sera magnifique, en conséquence des diverses couleurs produites par chacun et qui se trouveront entremêlées.

Couleurs. — La plupart des couleurs employées dans les arts proviennent des métaux et de leurs diverses combinaisons. Les couleurs diffèrent naturellement suivant le métal employé pour la solution, presque incolore le plus souvent par elle-même, dont le mélange avec une solution alcaline ou autre produira le précipité colorant cherché.

Exemples. — 1° A une solution de sulfate de fer ajoutez une goutte ou deux de solution de prussiate de potasse, et vous obtiendrez une belle couleur bleue.

2° Substituez le sulfate de cuivre au sulfate de fer, et vous obtiendrez un riche brun.

3° Un autre bleu, d'une nuance toute différente, sera obtenu si dans une solution de sulfate de cuivre on laisse tomber quelques gouttes de solution d'ammoniaque : un précipité bleu clair tombera au fond, lequel sera dissous par l'addition d'une certaine quantité d'ammoniaque et formera alors une solution transparente de la plus riche couleur bleue qu'on puisse imaginer.

4° Dans une solution de sulfate de fer versez quelques gouttes d'infusion de noix de galle ; la couleur tournera au noir bleu. — En réalité, vous aurez fait de l'encre.

Un peu de thé peut remplacer parfaitement l'infusion de noix de galle.

5° A une solution de nitrate de bismuth placée dans un verre mêlez une petite quantité de solution de prussiate de potasse, et vous aurez immédiatement une couleur jaune qui sera le prussiate de bismuth.

6° Faites une infusion de choux rouge, placez-la dans un verre et versez-y une goutte ou deux d'acide nitrique ou sulfurique : l'infusion, bleue dans le principe, se changera immédiatement en rouge.

Changer un liquide bleu en vert. — Versez une infusion de violettes dans un verre à boire : l'infusion est bleue, naturellement; ajoutez-y quelques gouttes d'une solution de potasse ou de soude, elle sera immédiatement changée en un beau vert, couleur en laquelle, au reste, l'ammoniaque change la plupart des végétaux.

Transformations d'une liqueur rouge en liqueurs de couleurs variées. — Mettez de l'infusion de chou rouge dans trois verres différents. Dans le premier verre, vous ajouterez un peu d'acide nitrique; dans le second, quelques gouttes de solution de potasse; dans le troisième, un peu de solution de sulfate d'alumine et de potasse. Le liquide dans le premier verre sera d'un beau cramoisi; dans le second, il sera vert, et violet dans le troisième.

La liqueur Protée. — Versez dans trois verres une infusion de bois de campêche bien rouge que vous aurez préalablement mise en bouteille; seulement vous aurez commencé par rincer le premier verre avec de fort vinaigre; vous jetterez dans le second une pincée d'alun en poudre; vous laisserez le troisième tel quel.

Vous verserez alors votre liqueur rouge dans le premier verre, où elle prendra une couleur jaune paille; ensuite dans le second, où elle deviendra gris bleu, puis noire si vous la remuez avec une tige de fer trempée dans le vinaigre; dans le troisième, elle deviendra violette sous l'action de l'air; et elle sera rouge dans la bouteille bouchée.

Les encres sympathiques — 1° Servez-vous, au lieu d'encre ordinaire, d'une solution faible de muriate ou de nitrate de cobalt; ce que vous écrirez sera invisible; mais faites-le chauffer en le tenant devant le feu, alors l'écriture apparaîtra en bleu.

Si le cobalt est mélangé de fer, la couleur de l'écriture sera verte.

Lorsque le papier aura été éloigné du feu, l'écriture redeviendra de nouveau invisible.

Le tableau inachevé. — A l'aide des deux sortes de solutions dont nous venons de parler, on produit quelquefois une illusion curieuse, qui ne laisse pas d'intriguer.

On prépare le dessin en couleurs ordinaires d'un paysage quelconque, à l'exception des feuilles des arbres et du gazou, que l'on *peint* avec une solution de muriate de cobalt additionné de fer, et du ciel, que l'on couvre d'une couche de cobalt dissous ; ce qui revient à dire que, pour tout examinateur non prévenu, le ciel et la verdure auront été négligés par le coloriste, tandis que celui-ci, en exposant son paysage au feu, prouvera que l'examinateur ne sait pas ce qu'il dit, attendu que le ciel apparaîtra du plus beau bleu et les feuilles et l'herbe des prairies du vert le plus tendre.

2° Écrivez avec une faible solution de muriate de cuivre ; l'écriture, invisible lorsqu'elle est froide, exposée au feu comme dans le cas précédent, apparaîtra jaune sur le papier.

*** Si dans le paysage dont nous avons parlé ci-dessus vous faites figurer, par exemple, un champ de blé mûr, rien ne s'oppose à ce que vous le peigniez, ainsi qu'une foule de petits détails sur lesquels il est inutile d'insister, avec cette solution ; votre dessin n'en paraîtra que plus incomplet, jusqu'au moment où, chauffé à la flamme du foyer, il se revêtira comme par enchantement des plus brillantes couleurs de la nature dans la saison d'été !

3° Faites une légère solution d'alun dans du jus de citron ; les caractères que vous tracerez avec cette solution resteront invisibles jusqu'à ce que vous les mouilliez d'eau, ce qui les fera apparaître de couleur grisâtre et transparente.

4° Si vous employez une solution d'alun de roche seul, et si, lorsque l'écriture aura séché, vous l'arrosez d'un peu d'eau, vous ferez apparaître les caractères plus blancs que le papier sur lequel ils sont écrits.

5° Écrivez avec une légère solution de sulfate de fer (couperose verte) ; quand l'écriture sera séchée, elle sera invisible ; mouillez-la alors avec une brosse douce trempée dans une forte décoction d'écorce de chêne ou dans de la teinture de noix de galle, et vous la ferez paraître noire.

6° Employez la solution de sulfate de fer ci-dessus indiquée ; seulement, quand l'écriture sera séchée, lavez-la avec une solution de prussiate de potasse. Votre écriture apparaîtra alors sur le papier d'une couleur bleue magnifique.

7° Écrivez avec de l'eau de riz ; je n'ai pas besoin de grands efforts pour vous faire entendre que les caractères tracés avec cette eau sur du papier blanc ne seront pas visi.

bles; mais si vous les mouillez avec une solution d'iode, aussitôt ils apparaîtront en couleur violette.

⁎ Cette encre sympathique a été mise en usage, et cela avec un très-grand succès, pendant la dernière guerre des Indes, par l'armée anglaise. La première lettre écrite ainsi fut envoyée de Jellalabad, cachée dans le tuyau d'une plume. On n'y trouva naturellement qu'une feuille de papier immaculée ou à peu près, car, à la vérité, le mot *iodine* y était tracé ostensiblement. On comprit ce que cela voulait dire, ou lava le papier d'une solution d'iode, et il se trouva contenir, en effet, une importante dépêche de sir Robert Sale.

Dans tous les procédés employés pour rendre visibles les caractères tracés à « l'encre sympathique », il y a naturellement décomposition chimique. Les exemples les plus frappants de ce phénomène se trouvent dans les procédés que nous avons inscrits sous les numéros 5 et 6, dans le premier desquels l'acide gallique s'unissant au fer forme le noir, — ce sont d'ailleurs les deux substances qui forment la base de l'encre commune, — tandis que, dans le second, l'acide prussique, en s'unissant au fer, produit un bleu dû au prussiate de fer.

Principe de la lampe de Davy. — Sir Humphry Davy fut conduit à l'invention de sa célèbre lampe, à laquelle tant de mineurs doivent incontestablement la vie, par la connaissance de ce fait que la flamme exige pour se développer un milieu d'une chaleur telle, qu'en le refroidissant par un moyen quelconque, partant de ce principe que le *rouge* ne lui suffit pas, on peut facilement l'éteindre.

L'évidence de ce fait se prouve très - aisément. Prenez un morceau de gaze métallique, et placez-le au-dessus de la flamme d'une bougie à l'aide de pinces, si besoin est; si vous l'abaissez de manière à toucher la mèche, vous verrez que la flamme ne le traversera pas. Pourtant le gaz inflammable qui constitue la flamme traverse très-bien cette gaze métallique; et la preuve, c'est qu'en plaçant un morceau de papier au-dessus de cette gaze il s'enflammera immédiatement.

⁎ Une expérience plus frappante encore est celle-ci :

Si, pendant que la gaze métallique est tenue au-dessus de la flamme de la bougie, vous placez dessus un morceau de camphre, les vapeurs du camphre traverseront la gaze pour aller rejoindre la flamme de la bougie, et s'enflammeront à leur tour, tandis que le morceau de camphre solide, placé au-dessus, ne brûlera pas, parce que la flamme des vapeurs du camphre, pas plus que celle de la bougie, ne peut traverser les mailles de cette gaze qui préserve de leur atteinte tout objet placé sur elle.

La cuiller magique. — Faites fondre dans un creuset 110 grammes de bismuth, et quand il est dans un état de fusion complète ajoutez-y 70 grammes de plomb et 42 grammes d'étain. Ces divers métaux se combineront aisément, formant une substance nouvelle, dont nous allons tout à l'heure voir les singulières propriétés.

Votre alliage bien fait, vous le coulez en barres et le portez chez un orfévre en le priant de le convertir en cuillers à café ou à thé.

Quand vous serez en possession de vos cuillers, vous n'avez qu'à en mettre une de temps en temps sur la table, si vous voulez voir l'ébahissement qui saisira celui de vos convives à qui elle écherra, lorsqu'il la verra fondre et disparaître aussitôt qu'elle aura été mise en contact avec l'eau bouillante.

Coloration artificielle des fleurs. — Si vous exposez à la fumée du tabac (sortant du cigare ou de la pipe, mais non de la bouche, parce que la salive en aurait enlevé tout l'ammoniaque) des fleurs colorées naturellement en violet, vous voyez ces fleurs devenir graduellement vertes sous l'influence de la vapeur ammoniacale se dégageant du tabac brûlé.

Cette propriété bien connue de la vapeur d'ammoniaque a été mise à profit plus d'une fois déjà dans des expériences très-curieuses sur les changements qu'il est possible d'obtenir ainsi dans les couleurs des différentes fleurs. Nous citerons tout simplement celles du professeur italien M. L. Gabba, parce qu'elles sont très-faciles à reproduire et que cec nous dispensera de nous étendre sur les nôtres, qui n'ont, au reste, rien de mieux ni de plus pratique à offrir à un expérimentateur novice.

L'appareil dont se sert M. Gabba est tout élémentaire : il consiste en une assiette dans laquelle il verse une certaine quantité de la solution d'ammoniaque connue vulgairement sous le nom d'alcali volatil.

Il pose ensuite sur cette assiette un entonnoir renversé, dans le tube duquel il place les fleurs qu'il veut soumettre à l'expérience. En opérant de cette manière, il a vu, sous l'action de l'ammoniaque, les fleurs bleues, violettes et purpurines devenir d'un beau vert ; les fleurs rouges carmin intense (œillets) devenir noires ; les blanches jaunir, etc.

Les changements de couleur les plus singuliers lui ont été offerts par les fleurs qui réunissent plusieurs teintes différentes et dont les lignes rouges ont verdi, les blanches ont jauni, etc. Un autre exemple remarquable est celui des *fuchsias* à fleurs blanches et rouges qui, par l'action des vapeurs ammoniacales, sont devenues jaunes, bleues et vertes.

Lorsque les fleurs ont subi les changements de couleur, si on les plonge dans de l'eau pure, elles conservent leur nouvelle coloration pendant plusieurs heures ; après quoi, elles retournent peu à peu à leur coloris primitif.

Une autre observation intéressante due à M. Gabba, c'est que les fleurs des *asters*, qui sont naturellement inodores, acquièrent une odeur aromatique agréable, sous l'influence de l'ammoniaque.

Les fleurs de ces mêmes *asters* dont la couleur naturelle est violette deviennent rouges quand on les mouille avec de l'acide azotique (eau-forte) étendu d'eau. D'un autre côté, ces mêmes fleurs, si on les enferme dans une boîte de bois où elles soient exposées aux vapeurs de l'acide chlorhydrique, deviennent, en six heures, d'un beau rouge carmin, qu'elles conservent quand on les place dans un endroit sec et à l'ombre, après les avoir desséchées à l'air et à l'obscurité.

TABLE DES MATIERES

LES JEUX ET LEURS RÈGLES.

PRESTIDIGITATION, TOURS D'ADRESSE.

RÉCRÉATIONS SCIENTIFIQUES.

Imprimerie D. BARDIN, à Saint-Germain.